MARCEL PAGNOL

Marcel
Der Ruhm meines Vaters

Aus dem Französischen
von Pamela Wedekind

GOLDMANN VERLAG

Ungekürzte Ausgabe
Titel der Originalausgabe: »La Gloire de mon Père«

Der vorliegende Band ist zuerst zusammen mit dem zweiten Teil von Marcel Pagnols Jugenderinnerungen »Marcel. Das Schloß meiner Mutter«
unter dem Titel »Marcel. Eine Kindheit in der Provence« erschienen.

Der Goldmann Verlag
ist ein Unternehmen der Verlagsgruppe Bertelsmann

Made in Germany · 7/91 · 1. Auflage
Genehmigte Taschenbuchausgabe

Umschlagentwurf: Design Team München
Umschlagillustration: Jugendfilm-Verleih GmbH, Berlin
Druck: Elsnerdruck, Berlin
Verlagsnummer: 41288
G. R. · Herstellung: Sebastian Strohmaier
ISBN 3-442-41288-9

Dem Andenken meiner Lieben

Ich bin in der Stadt Aubagne geboren, unter dem von Ziegen gekrönten Garlaban, zur Zeit der letzten Ziegenhirten.

Der Garlaban ist ein riesiger Turm aus blauen Felsen, der sich am Rand von Plan de l'Aigle erhebt, dieser unermeßlichen, felsigen Hochebene, die das grüne Huveaune-Tal beherrscht. Der Turm ist etwas breiter als hoch: aber da er in sechshundert Meter Höhe aus dem Fels ragt, steigt er sehr hoch in den Himmel der Provence, und zuweilen ruht eine weiße Juliwolke sich auf seinem Gipfel aus.

Er ist noch kein Berg, aber er ist auch kein Hügel mehr: er ist der Garlaban, wo die Späher des Marius Reisigbündel anzündeten, als sie im Dunkel der Nacht auf der Sainte-Victoire Feuer aufflammen sahen: der rote Vogel flog in der Juninacht von Hügel zu Hügel, bis zum Felsen des Capitols, um Rom zu verkünden, daß seine Gallier in der Ebene von Aix hunderttausend teutonische Barbaren erschlagen hatten.

Mein Vater war das fünfte Kind eines Steinmetz' aus Valréas bei Orange.

Die Familie war seit mehreren Jahrhunderten dort ansässig. Woher kamen sie? Ohne Zweifel aus Spanien, denn in den Gemeindebüchern fand ich die Namen Lespagnol, später Spagnol.

Außerdem waren sie seit Generationen Waffenschmiede und härteten ihre Schwerter in den Wassern des Ouvèze: wie jeder weiß, ein vornehmlich spanischer Beruf.

Da aber die Notwendigkeit, Mut zu zeigen, immer im umgekehrten Verhältnis zur Entfernung steht, die die Kämpfer voneinander trennt, wurden Dolch und Säbel bald von Gewehr und Pistole abgelöst. Nun betätigten sich meine Vorfahren als Feuerwerker, das heißt, sie fabrizierten Schießpulver, Bleikugeln, Stahl und Raketen.

Einer von ihnen, ein Urgroßonkel, wurde eines Tages in einer Funken-Apotheose durch das geschlossene Fenster seiner Werkstatt geschleudert, inmitten kreisender Sonnen und einer Garbe von Wunderkerzen.

Er starb nicht daran, aber auf seiner linken Backe wuchs kein Bart mehr. Deshalb nannte man ihn bis zu seinem Tode ›Le Rousti‹ – der Geröstete.

Möglich, daß infolge dieses aufsehenerregenden Unfalls die nächste Generation beschloß – ohne auf Patronen und Raketen zu verzichten – sie nicht mehr mit Schießpulver zu füllen; sie wurden Pappfabrikanten, und das sind sie noch heute.

Was für ein schönes Beispiel lateinischer Weisheit: mit Stahl, diesem schweren, harten Material, wollten sie nichts mehr zu tun haben, auch mit Pulver nicht, denn das verträgt nicht einmal die Nähe einer Zigarette. Also widmeten sie ihren Unternehmungsgeist der Pappe, einem leichten, weichen und keineswegs explosiven Material.

Aber da mein Großvater nicht der älteste Bruder war, erbte er die Kartonfabrik nicht und wurde Steinmetz, warum, weiß ich nicht. Als Geselle zog er durch Frankreich und ließ sich dann in Valréas nieder, später in Marseille.

Er war klein, breit in den Schultern und hatte starke Muskeln.

Als ich ihn kannte, hatte er lange, weiße Locken, die bis auf seinen Kragen fielen, und einen schönen gekräuselten Bart.

Seine Züge waren fein, aber energisch, und seine schwarzen Augen glänzten wie Oliven.

Seine Autorität gegenüber seinen Kindern war beängstigend, und seine Beschlüsse waren unwiderruflich. Doch seine Enkelkinder flochten Zöpfe in seinen Bart oder steckten ihm Bohnen in die Ohren.

Mit großem Ernst erzählte er mir manchmal von seinem Handwerk oder vielmehr von seiner Kunst, denn er war Steinmetzmeister.

Die Maurer schätzte er nicht besonders. »Wir errichten Mauern aus zugeschnittenen Steinen«, sagte er, »ein Stein muß sich genau in den anderen fügen, durch Zapfen, Stifte, Holzpfriemen und Falzbeine zusammengehalten. Natürlich gießen wir auch Blei in die Ritzen, um ein Verrutschen zu verhüten. Aber die Fugen werden so sorgfältig damit gefüllt, daß man außen nichts sieht. Die Maurer dagegen nehmen die Steine, wie sie kommen, und verstopfen die Spalten mit einem Haufen Mörtel. Auf diese Weise ertränkt der Maurer den Stein und versteckt ihn, weil er nicht gelernt hat, ihn zu bearbeiten.«

Sobald er einen freien Tag hatte – also vier- oder fünfmal im Jahr – nahm er die ganze Familie zu einem Picknick mit, etwa fünfzig Meter vor der berühmten Pont du Gard.

Während meine Großmutter die Mahlzeit bereitete und die Kinder im Fluß planschten, bestieg er die Pfeiler der Brücke, prüfte Fugen und Maße, besah sich den Schnitt und streichelte das Gestein.

Nach dem Essen setzte er sich ins Gras, die Familie gruppierte sich im Halbkreis um ihn herum. So verweilten sie im Angesicht der tausendjährigen Brücke, einem Meisterstück römischer Baukunst, das der Großvater bis zum Abend nicht mehr aus den Augen ließ.

Noch dreißig Jahre später schlugen seine Söhne und Töchter bei der bloßen Erwähnung dieser Brücke die Augen zum Himmel auf und stießen tiefe Seufzer aus.

Auf meinem Schreibtisch liegt ein kostbarer Briefbeschwerer. Es ist ein länglich-rechteckiges Stück Eisen, in der Mitte ein ovales Loch, die beiden äußeren Enden ausgehöhlt. Das ist der Hammer meines Großvaters André, der fünfzig Jahre lang auf den harten Kopf des stählernen Meißels schlug.

Dieser geschickte Mann hatte nur eine sehr geringe Ausbildung erhalten. Er konnte lesen und seinen Namen schreiben, aber mehr nicht. Darunter litt er heimlich sein ganzes Leben, was dazu führte, daß er Bildung für das höchste der Güter hielt. In seiner Vorstellung waren die gebildetsten Leute diejenigen, die andere unterrichteten. Deshalb opferte er sich auf, um seine sechs Kinder Lehrer werden zu lassen, und so kam es, daß mein Vater mit zwanzig Jahren die Ecole Normale in Aix en Provence als Volksschullehrer verließ.

Die Ecoles Normales Primaires waren zu dieser Zeit soviel wie Seminare, nur mit dem Unterschied, daß das Studium der Theologie durch Unterricht in Antiklerikalismus ersetzt wurde.

Man brachte den jungen Leuten bei, daß die Kirche nie etwas anderes gewesen sei als ein Instrument der Unterdrückung, und daß es die Aufgabe der Priester sei, die Augen des Volkes mit der schwarzen Binde der Ignoranz zu verhüllen und es mit Märchen von der Hölle und vom Paradies einzulullen.

Die bösen Absichten der ›Curés‹ waren übrigens hinlänglich bewiesen durch den Gebrauch des Lateinischen, einer mysteriösen Sprache, die für die kirchentreuen Dummköpfe eine magisch-fragwürdige Anziehungskraft besaß. Das Papsttum war würdig durch die beiden Borgia vertreten, und den Königen erging es in diesem Unterricht nicht besser als den Päpsten: als wollüstige Tyrannen beschäftigten sie sich nur mit ihren Konkubinen, wenn sie nicht gerade tranken oder spielten; ihre Kreaturen erhoben unterdessen verheerende Steuern, die bis zu zehn Prozent der nationalen Einkünfte verschlangen.

Wie man sieht, war dieser Geschichtsunterricht im Sinn der republikanischen Wahrheit elegant gefälscht.

Ich mache der Republik keinen Vorwurf deswegen: alle Handbücher der Weltgeschichte sind nie etwas anderes gewesen als Propagandatexte im Dienst der jeweiligen Regierung.

Die feste Überzeugung der neugebackenen Normalschüler war daher, daß es sich bei der großen Revolution um eine idyllische Epoche handelte, sozusagen um das goldene Zeitalter der Großmut, in dem die Brüderlichkeit sich bis zur Liebe gesteigert hatte – kurz und gut, um einen allgemeinen Ausbruch von Herzensgüte.

Ich weiß nicht, wie man ihnen – ohne ihren Argwohn zu erregen – begreiflich machen konnte, daß die engelhaften Freigeister sich nach zwanzigtausend Morden und den dazugehörigen Diebstählen dann gegenseitig guillotiniert hatten.

Andererseits kann ich nicht leugnen, daß der sehr intelligente Pfarrer meines Dorfes, dessen Nächstenliebe vor nichts zurückschreckte, die Heilige Inquisition als eine Art Familienrat darstellte: er sagte, wenn die Prälaten so viele Juden und Gelehrte verbrannten, so taten sie es mit Tränen in den Augen und nur um ihnen einen Platz im Paradies zu sichern.

Das ist die Schwäche unserer Vernunft: wir bedienen uns ihrer meist nur zur Rechtfertigung unseres Glaubens.

Immerhin waren die Studien der Normalschüler nicht auf Antiklerikalismus und freigeistige Geschichte beschränkt. Es gab noch einen dritten Volksfeind, der nicht aus der Vergangenheit stammte, das war der Alkohol.

Aus dieser Zeit stammen der ›Assommoir‹ von Zola und die schrecklichen Abbildungen, mit denen alle Klassenwände tapeziert waren. Man sah eine rötliche Leber, als solche nicht mehr erkennbar, denn dank ihrer grünen Schwellungen und lila Verschnürungen glich sie einer in Fäulnis übergegangenen Kartoffel. Der Künstler hatte ihr vergleichsweise die appetitliche Leber eines braven Bürgers als frisches, harmonisches Gebilde gegenüberstellen müssen, damit der Beschauer den katastrophalen Befund der Säuferleber richtig beurteilen konnte. Der bis in seine Träume von solchen Schreckbildern verfolgte Normalschüler (nur nebenbei sei eine Bauchspeicheldrüse erwähnt, die aussah wie die Schraube des Archimedes und eine durch Brüche verzierte Aorta) wurde schließlich von panischer Angst ergriffen. Beim Anblick eines Glases Wein verzerrte sich sein Mund vor Ekel. Eine Kaffeehausterrasse zur Zeit des Dämmerschoppens erschien ihm wie ein Selbstmörderfriedhof. Ein für filtriertes Wasser passionierter Freund meines Vaters warf dort eines Tages alle Tische um: Polyeucte als Freigeist! Aber am verhaßtesten waren die sogenannten ›Magenbitter‹, vor allem Benediktiner und Chartreuse, ›mit königlicher Lizenz‹, die in bedrohlicher Dreieinigkeit Kirche, Alkohol und Gottesgnadentum vertraten.

Abgesehen vom Kampf gegen diese drei Erzübel war das Studienprogramm außerordentlich umfangreich und bewundernswert auf die Ausbildung der Volkserzieher abgestimmt, die das Volk sehr gut verstanden, denn sie waren selber fast alle Söhne von Bauern und Arbeitern.

Sie erhielten eine Allgemeinbildung, wahrscheinlich umfassender als gründlich, die aber etwas ganz Neues war. Und da sie ihren Vater noch zwölf Stunden täglich auf dem Feld, im Fischerboot oder auf dem Baugerüst hatten arbeiten sehen, priesen sie ihr Los glücklich, denn sie konnten am Sonntag ausgehen und dreimal im Jahr in den Ferien nach Hause fahren. Dann stellten der Vater, der Großvater und manchmal sogar die Nachbarn, die nie anders als mit ihren Händen gearbeitet hatten, Fragen und legten ihnen abstrakte Formulierungen vor, die keiner im Dorf verstehen konnte. Sie antworteten, und die Alten hörten ernst und kopfschüttelnd zu. So verschlangen sie drei Jahre lang die Wissenschaft wie eine kostbare Nahrung, die man ihren Ahnen vorenthalten hatte; deshalb mußte der Herr Direktor in den Pausen die Klassenzimmer inspizieren und die allzu eifrigen Schüler zum Ballspiel hinausjagen.

War dieses Studium beendet, galt es, das Reifezeugnis zu erwerben, dessen Resultate bewiesen, daß einer ›Beförderung‹ nichts mehr im Wege stand.

Danach wurden die Jünger der Gelehrsamkeit wie Samenkörner in die vier Departements des Landes verstreut, um dort den Kampf gegen die Unwissenheit aufzunehmen, die Republik zu verherrlichen und den Hut auf dem Kopf zu behalten, wenn die Prozession vorüberging.

Nach ein paar Jahren freigeistigen Lehramtes im Schnee verlassener Bergnester gelangte der junge Lehrer bis in die Dörfer auf halber Höhe des Berges, wo er sich meistens mit der Lehrerin oder mit der Postbeamtin verheiratete. Dann kamen einige Marktflecken mit immer noch abschüssigen Straßen, und jede dieser Stationen war durch die Geburt eines Kindes markiert. Beim vierten oder fünften Kind erreichte er die Anstellung in einer größeren Gemeinde des flachen Landes. Von dort aus hielt er mit schon gelichtetem Haar und faltigem Gesicht dann endlich seinen Einzug in die Großstadt. Nun lehrte er an einer Schule mit acht bis zehn Klassen, leitete die Oberstufe und manchmal sogar die Ausbildungsklasse.

Eines Tages beging man feierlich die Verleihung der akademischen Palmen. Drei Jahre später ›nahm er seinen Abschied‹, das heißt, die Statuten sahen es so vor. Dann sagte er, vergnügt lächelnd: »Jetzt kann ich endlich meinen Kohl pflanzen!«

Worauf er sich hinlegte und starb.

Ich habe viele dieser Lehrer gekannt.

Sie hatten den absoluten Glauben an die Schönheit ihrer Aufgabe und strahlendes Vertrauen in die Zukunft des Menschengeschlechts. Geld und Luxus verachteten sie, eine Beförderung wiesen sie zugunsten eines anderen zurück oder um die in einem verlassenen Dorf begonnene Arbeit zu beenden.

Ein alter Freund meines Vaters, der als Primus das Lehrerseminar absolviert hatte, bekam seine erste Anstellung in einem verwahrlosten Viertel von Marseille, einer von Elendsgestalten bevölkerten Gegend, in der niemand sich bei Nacht hinauswagte. Dort blieb er vom Beginn seiner Laufbahn bis zu seinem Abschied, vierzig Jahre in derselben Klasse, vierzig Jahre auf demselben Stuhl.

Und als mein Vater ihn eines Abends fragte:

»Hast du denn niemals Ehrgeiz gehabt?« antwortete er:

»Aber natürlich war ich ehrgeizig! Und ich glaube, ich kann mit meinem Erfolg zufrieden sein! Wenn du dir vorstellst, daß in zwanzig Jahren sechs Schüler meines Vorgängers guillotiniert wurden, bei mir in vierzig Jahren nur zwei, dazu wurde einer begnadigt, dann hat es sich schon gelohnt, daß ich dort geblieben bin.«

Denn das Bemerkenswerteste an diesen Antiklerikalen war, daß sie den Geist von Missionaren hatten. Um den ›Herrn Curé‹, dessen Tugend für scheinheilig galt, schachmatt zu setzen, lebten sie selbst wie die Heiligen, und ihre Moral war ebenso unantastbar wie die der ersten Puritaner. Der Herr Schulrat war ihr Bischof, der Herr Rektor ihr Erzbischof und der Herr Minister für Erziehung ihr Papst; an ihn schrieb man nur auf offiziellem Bogen und in formellem Stil.

»Wie die Priester«, sagte mein Vater, »arbeiten wir für das zukünftige Leben: aber wir verstehen darunter die Zukunft der anderen.«

Da er das Seminar ebenfalls mit Auszeichnung verlassen hatte, verschlug ihn die ›Aussaat‹ der Lehrer nach Aubagne, nicht weit entfernt von Marseille.

Aubagne war damals ein Städtchen von etwa zehntausend Einwohnern, an den Abhängen des Huveaune-Tales gelegen, durch das die staubige Straße von Marseille nach Toulon führt.

In dieser Gegend wurden Ziegel, Backsteine und Tonkrüge gebrannt; man aß Blut- und Leberwürste und gerbte Leder, das, nachdem es sieben Jahre in einer Miete gelegen hatte, unverwüstlich war. Man stellte auch buntbemalte Heiligenfiguren für die Weihnachtskrippe her.

Mein Vater, der Joseph hieß, war damals ein junger Mann mit dunkler Haut, mittelgroß, ohne klein zu wirken. Er hatte eine ziemlich gewichtige, aber ganz gerade Nase, vorteilhaft verkürzt durch seinen Schnurrbart und seine Brille, deren ovale Gläser von einem feinen Stahlrand eingefaßt waren. Seine Stimme klang tief und lustig, und sein blauschwarzes Haar lag bei feuchtem Wetter in natürlichen Wellen.

Eines Tages traf er eine kleine, dunkelhaarige Schneiderin, die Augustine hieß, und fand sie so hübsch, daß er sie auf der Stelle heiratete. Ich habe nie erfahren, wie sie sich kennenlernten, denn von solchen Sachen sprach man nicht bei uns zu Hause. Andererseits habe ich sie auch nie danach gefragt, denn weder ihre Jugend noch ihre Kindheit mochte ich mir vorstellen. Mein Vater war vierundzwanzig Jahre älter als ich, und das hat sich nie geändert.

Sie waren mein Vater und meine Mutter seit Ewigkeit und für immer.

Ich weiß nur, daß Augustine von der Begegnung mit dem ernsten jungen Mann, der so gut das Boulespiel beherrschte und unfehlbar vierundfünfzig Francs im Monat verdiente, geblendet war. Also gab sie es auf, für andere Leute zu nähen, und richtete sich in einer Wohnung ein, die um so angenehmer war, als man keine Miete dafür bezahlen mußte.

In den Monaten vor meiner Geburt – sie war erst neunzehn Jahre alt und ist zeitlebens nicht älter geworden – hatte sie schwere Ängste auszustehen und erklärte schluchzend, ihr Baby würde nie zur Welt kommen, denn sie fühle deutlich, daß sie nicht wisse, wie man es machen müsse.

Mein Vater versuchte, sie zur Vernunft zu bringen. Aber sie sagte wütend: »Wenn ich denke, daß du es bist, der mir das angetan hat!« und brach in Tränen aus.

Als das Ungeborene anfing, sich zu bewegen, bekam sie zwischen zwei Weinkrämpfen einen Lachanfall.

Durch dieses unvernünftige Benehmen erschreckt, rief mein Vater seine ältere Schwester zu Hilfe; sie hatte ihn erzogen, war –natürlich! – Leiterin einer Schule in La Ciotat und unverheiratet.

Die große Schwester war entzückt und ordnete an, daß meine Mutter sofort zu ihr an die Küste des Mittelmeers kommen müsse, was noch am gleichen Abend befolgt wurde.

Man hat mir gesagt, daß Joseph sehr froh über diese Lösung war und seine Freiheit benützte, um mit der Bäckerin zu poussieren, deren Buchführung er in Ordnung hielt. Aber davon wollte ich nichts hören, und habe es niemals geglaubt.

Während dieser Zeit ging die zukünftige Mama in der milden Januarsonne am Strand spazieren und sah weit draußen die Segel der Fischerboote, die gegen drei Uhr nachmittags dem Sonnenuntergang entgegenfuhren. Später am Kaminfeuer, in dem die blaue Flamme der Olivenscheite knisterte, strickte sie die Ausstattung für die sich rührende Nachkommenschaft, während Tante Marie Windeln säumte und mit ihrer hübschen hellen Stimme sang:

Wenn die leichte Brigg auf den Wellen schaukelt,
Und die Nacht ihren schwarzen Schleier ausbreitet . . .

Sie war jetzt ausgesöhnt mit ihrem Los, um so mehr, als ihr lieber Joseph jeden Samstag auf dem Rad des Bäckers zu Besuch kam. Er brachte Mandelhörnchen mit, Marzipantörtchen und ein Säckchen weißes Mehl, um Pfannkuchen oder Apfelküchlein zu backen.

Sie hatte rosige Wangen bekommen, und alles sah aufs beste aus, als sie am achtundzwanzigsten Februar in aller Frühe durch leichte Schmerzen geweckt wurde.

Sofort rief sie Tante Marie, die ihr erklärte, das habe nichts zu bedeuten, da der Doktor erst für Ende März die Geburt eines Mädchens angekündigt habe; dann machte sie Feuer, um Kräutertee zu kochen. Aber die Patientin beharrte darauf, daß die Doktoren nichts davon verstünden, und daß sie auf der Stelle nach Aubagne zurück wolle.

»Das Kind muß zu Hause geboren werden! Joseph muß meine Hand halten! Marie, Marie, laß uns schnell fahren! Ich bin überzeugt, es will heraus!«

Die sanfte Marie versuchte sie mit Lindenblütentee und guten Worten zu beruhigen. Das Sieb in der Hand versprach sie, wenn die Vermutung sich bestätigen sollte, sofort den Fischhändler zu verständigen, der jeden Morgen gegen acht Uhr nach Aubagne fuhr. Schnell wie der Wind würde dann auch Joseph mit seinem Fahrrad zur Stelle sein.

Aber Augustine stieß die geblümte Tasse zurück, rang die Hände und weinte dicke Tränen.

Also klopfte Tante Marie an den Fensterladen des Nachbarn, der ein Gig und ein kleines Pferd besaß. Es war eine gesegnete Zeit, in der die Leute einander halfen: man brauchte sie nur darum zu bitten.

Der Nachbar spannte sein Pferd ein, die Tante hüllte Augustine in Decken, und schon waren wir im Trab unterwegs, während oben auf dem Hügel die Hälfte einer großen, roten Sonne durch die Kiefern schaute.

Bei der Ankunft in La Bedoule, das genau auf halbem Wege liegt, fingen die Schmerzen wieder an, und jetzt regte die Tante sich auf. Sie nahm meine in Decken gehüllte Mutter in die Arme und gab ihr gute Ratschläge.

»Augustine«, sagte sie, »halte dich zurück!«, denn sie war noch Jungfrau.

Aber die blasse Augustine schlug ihre großen schwarzen Augen auf und wimmerte, in Schweiß gebadet.

Glücklicherweise hatten wir den Kamm des Berges bereits hinter uns, und der Weg ging bis Aubagne bergab. Der Nachbar löste die Bremsen und peitschte das Pferdchen, das sich vom Gewicht des Wagens vorwärts treiben ließ. Wir kamen gerade noch rechtzeitig an, und Madame Négrel, die Hebamme, eilte herbei, um meine Mutter zu entbinden, die endlich ihre Nägel in Josephs starkem Arm festkrallen konnte.

Diese Geschichte ist nicht besonders überraschend, aber nur eine Minute Geduld, sie wird es werden.

Anfang des 18. Jahrhunderts lebte in Aubagne eine sehr reiche, alte Kaufmannsfamilie, mit Namen Barthélémy. Ihre Verdienste waren so groß, daß der König sie eines Tages in den Adelsstand erhob.

Nun – in der Nacht vom 19. auf den 20. Februar 1716, begab es sich, daß Madame Barthélémy, die sehr jung war, in Aubagne wohnte und deren Gatte Joseph hieß, *die ersten Schmerzen verspürte*. Sie stieg *schleunigst* in ihren Wagen, um zu ihrer Mutter in ihr Elternhaus zu fahren, dem hübschesten Besitz in ganz Cassis.

Cassis war ein kleiner Fischerhafen, eine Meile vor La Ciotat, und ungefähr auf Dreiviertel der Strecke fuhr man auf der Straße nach Aubagne.

Madame Barthélémy fuhr also durch die Schluchten, über den Kamm von La Bedoule und wimmerte unter ihren Decken. Sie kam in Cassis an, *halb ohnmächtig vor Schmerzen, und als man sie zu Bett brachte, gebar sie einen Knaben*.

Dieses Kind aus Aubagne wurde später der Abbé Barthélémy, berühmter Autor der ›Reise des jungen Anacharsis nach Griechenland‹, der am 5. März 1789 auf den fünfundzwanzigsten Platz der Académie Française gewählt wurde, denselben Platz, den ich seit dem 5. März 1946 einzunehmen die Ehre habe.

Aus dieser doppelten Anekdote könnte man den ungewöhnlichen Schluß ziehen: man habe die besten Möglichkeiten, dieser illustren Gesellschaft eines Tages anzugehören, wenn man der Sohn eines Mannes namens Joseph ist und versucht, an einem frühen Wintermorgen in einer aus zweierlei Gründen wimmernden Kutsche auf der Straße nach La Bedoule auf die Welt zu kommen.

Meine Erinnerungen an Aubagne sind nicht sehr zahlreich, da ich nur drei Jahre dort lebte.

Zuerst sehe ich unter den Platanen des Hofes direkt vor unserem Haus einen hohen Springbrunnen, das ist das Denkmal, das unserem Abbé Barthélémy von seinen Zeitgenossen errichtet wurde. Er galt, infolge der ›Reise des jungen Anacharsis‹, als ein Mann der Linken. Nur wenige Menschen hatten das Buch gelesen, und viele nannten es, in gutem Glauben, ›Der junge Anarchist‹. Ich kannte es zu dieser Zeit natürlich auch nicht, aber mit Entzücken lauschte ich dem kleinen Lied des Springbrunnens, der mit den Spatzen um die Wette sang.

Dann sehe ich die Decke unseres Zimmers, die in schwindelnder Eile auf mich herunterfällt, während meine entsetzte Mutter schreit: »Henri! Du bist wohl verrückt! Henri, ich verbiete dir . . .!«

Denn mein Onkel Henri, der Bruder meiner Mutter, wirft mich in die Luft und fängt mich im Fluge wieder auf. Ich brülle vor Angst, aber als meine Mutter mich in die Arme nimmt, rufe ich natürlich: »Nochmal! Nochmal!«

Mein Onkel Henri war dreißig Jahre alt, hatte einen schönen, braunen Bart und war Mechaniker in einer Fabrik für Dampfmaschinen, an deren Herstellung er in den Werkstätten von Forges und Chantier arbeitete. Er folgte darin dem Beispiel seines Vaters, meines Großvaters mütterlicherseits, den ich nie gekannt habe.

Dieser Großvater war in Coutances um das Jahr 1845 geboren und hieß Guillaume Lansot. Er war ein reiner Normanne und kam als Wandergeselle nach Marseille. Meine Marseiller Großmutter gefiel ihm, also blieb er dort. Mit vierundzwanzig Jahren hatte er schon drei Kinder, deren jüngstes meine Mutter war.

Da er sein Handwerk gut verstand und keine Angst vor dem Meer hatte, schickte man ihn eines Tages nach Rio de Janeiro, um einen Dampfer wieder flott zu machen, der einen Maschinenschaden hatte. Er kam in dieses, damals noch sehr wilde Land, wo es keinerlei Schutzimpfungen gab. Dort sah er Leute, die am gelben Fieber starben, und törichterweise machte er es wie sie.

Seine Kinder hatten keine Zeit gehabt, ihn kennenzulernen, und meine Großmutter, die nur vier Jahre seine Frau gewesen war, konnte uns auch nicht viel von ihm erzählen, außer, daß er sehr groß war, meerblaue Augen, blendend weiße Zähne und rotblondes Haar hatte, und über alles gelacht hatte, genau wie die Kinder.

Ich habe nicht einmal eine Photographie von ihm. Manchmal auf dem Land, wenn ich abends am Kaminfeuer sitze, rufe ich ihn. Aber er kommt nicht. Er muß wohl noch in Amerika sein. Und während ich ganz allein in die tanzenden Flammen sehe, denke ich an meinen vierundzwanzigjährigen Großvater, der ohne Brille starb, mit all seinen Zähnen und einer dichten, goldhaarigen Mähne; und es überrascht mich, daß der große junge Mann aus Coutances einen so alten Enkel hat wie mich.

Eine andere Erinnerung aus Aubagne ist das Boulespiel, das unter den Platanen auf dem Hof stattfand. Unter lauter Riesen machte mein kleiner Vater die wunderbarsten Sprünge und schleuderte eine Unmasse Eisen in unvorstellbare Entfernungen. Manchmal gab es lauten Beifall, und am Ende brach zwischen den Meistern des Spiels immer Streit aus wegen eines Stückchens Schnur, das sie sich gegenseitig aus den Händen rissen; aber sie prügelten sich nie.

Von Aubagne übersiedelten wir nach Saint-Loup, einem großen Dorf in der Umgebung von Marseille. Gegenüber der Schule war der Gemeindeschlachthof, eine Art Schuppen, in dem zwei riesige Metzger bei offenen Türen hantierten.

Während meine Mutter ihren kleinen Haushalt versorgte, kletterte ich vor dem Fenster des Eßzimmers auf einen Stuhl und sah der Ermordung von Ochsen und Schweinen mit größtem Interesse zu. Ich glaube, daß der Mensch von Natur grausam ist: die Kinder und die Wilden beweisen es täglich.

Wenn der unglückliche Ochse den tödlichen Beilhieb zwischen seine Hörner erhielt und in die Knie sank, bewunderte ich ganz einfach die Kraft des Metzgers und den Sieg des Menschen über das Tier. Wenn die Schweine abgestochen wurden, lachte ich Tränen; man zog sie an den Ohren herbei, und sie quiekten schrill. Aber das interessanteste Schauspiel war die Abschlachtung der Hammel.

Der Metzger schnitt ihnen elegant die Kehle durch, ohne die Unterhaltung mit seinem Gehilfen zu unterbrechen und ohne seiner Tätigkeit die geringste Aufmerksamkeit zu schenken. Wenn er drei oder vier geschlachtet hatte, legte er die Leichen, mit den Beinen in der Luft, auf eine Art Wiege. Dann blies er sie mit einem Blasebalg gewaltig auf, um die Haut besser abziehen zu können. Ich dachte, er versuche Ballons aus ihnen zu machen, und hoffte, sie davonfliegen zu sehen. Aber meine Mutter, die immer erschien, wenn es am schönsten war, hieß mich meinen Beobachtungsposten verlassen, und während sie Fleischwürfel für die Suppe schnitt, führte sie ganz unverständliche Reden über die Gutmütigkeit des armen Ochsen, die Anmut der gelockten kleinen Hammel und die Grausamkeit des Metzgers.

Wenn sie auf den Markt ging, ließ sie mich derweil in der Klasse meines Vaters, der sechs- bis siebenjährigen Buben das Lesen beibrachte. Ich blieb artig in der ersten Reihe sitzen und bewunderte die väterliche Allmacht. Er hielt ein Bambusstöckchen in der Hand, mit dem er auf die Buchstaben und Worte zeigte, die er an die Tafel schrieb, und manchmal auch einem unaufmerksamen Schlingel auf die Finger schlug.

Eines schönen Morgens brachte meine Mutter mich wieder auf meinen Platz und ging hinaus, ohne ein Wort zu sagen. Mein Vater schrieb großartig an die Tafel: ›Die Mutter hat ihren kleinen Jungen bestraft, weil er nicht artig war.‹

Er malte gerade einen herrlichen Punkt hinter diesen Satz, da schrie ich: »Nein! Das ist nicht wahr!«

Mein Vater drehte sich um, sah mich fassungslos an und rief: »Was sagst du da?«

»Mama hat mich nicht bestraft. Du hast etwas Falsches geschrieben!«

Er kam auf mich zu:

»Wer sagt denn, daß man dich bestraft hat?«

»Dort steht es ja.«

Die Überraschung verschlug ihm einen Moment die Sprache.

»Schau einmal an!« sagte er schließlich. »Kannst du denn lesen?«

»Ja.«

»Schau an ...«, wiederholte er.

Er zeigte mit dem Bambusstöckchen auf die Tafel.

»Nun lies mal!«

Ich las den Satz laut vor. Da nahm er eine Abc-Fibel, und ich las ohne Schwierigkeit mehrere Seiten.

Ich glaube, dieser Tag bescherte ihm die größte Freude und den größten Stolz seines Lebens.

Als meine Mutter zurückkam, fand sie mich von vier Lehrern umringt, die ihre Schüler zum Spielen auf den Hof geschickt hatten und mir zuhörten, wie ich langsam die Geschichte des kleinen Däumlings entzifferte. Aber anstatt diese Leistung zu bewundern, wurde sie blaß, ließ ihre Pakete fallen, schlug das Buch zu, nahm mich auf den Arm, trug mich fort und rief: »Mein Gott! Mein Gott!«

An der Klassentür stand die Portiersfrau, eine alte Korsin, und bekreuzigte sich. Später erfuhr ich, daß sie meine Mutter geholt und ihr versichert hatte, ›diese Herren würden es noch so weit treiben, bis mir der Kopf platze ...‹

Bei Tisch erklärte mein Vater, das sei ein ganz lächerlicher Aberglaube, da ich mich keineswegs überanstrengt, sondern so lesen gelernt hätte wie ein Papagei sprechen, ohne selbst etwas davon zu merken. Meine Mutter war nicht davon überzeugt, und von Zeit zu Zeit legte sie ihre kühle Hand auf meine Stirn und fragte:

»Hast du keine Kopfschmerzen?«

Nein, Kopfschmerzen hatte ich nicht, aber bis zu meinem sechsten Lebensjahr durfte ich weder ein Klassenzimmer betreten noch ein Buch anschauen, da meine Mutter fürchtete, das Gehirn könnte mir platzen. Und erst zwei Jahre später, am Ende meines ersten Schulquartals, beruhigte sie sich, als meine Lehrerin ihr erklärte, daß ich zwar mit einem erstaunlichen Gedächtnis begabt wäre, meine geistige Reife aber die eines Kindes in der Wiege sei.

Von Saint-Loup stieg mein Vater auf wie ein Komet. Er übersprang alle Vororte von Marseille und wurde – zu seiner großen Überraschung – Hauptlehrer an der Schule von Chemin des Chartreux, der größten Volksschule von Marseille.

Ihr stand ein ›Rektor ohne Klasse‹ vor, der eine Art Schulleiter war. Er konnte den Herrn Inspektor der Akademie ohne Anmeldung jederzeit besuchen, er war Mitglied der Prüfungskommission für Volksschulen und manchmal sogar für das Gymnasium.

Außerdem hatte der Schulpedell in meiner Gegenwart meinem entzückten Vater mitgeteilt, daß die zwölf Lehrer der Chartreux die ›Lehrer-Elite‹ darstellten, und nach vier- oder fünfjähriger Dienstzeit, wenn sie wollten, gleich zu Direktoren ernannt wurden, des öfteren sogar in Marseille selbst.

Diese Erklärung des Schulpedells von Chartreux wurde in der Familie oft zitiert, und meine Mutter – die sehr stolz darauf war – wiederholte sie auch vor Madame Mercier und Mademoiselle Guimard, allerdings setzte sie hinzu, daß der Pedell vielleicht ein bißchen übertrieben habe; aber sie sah gar nicht aus, als ob sie das wirklich glaubte.

Sie war immer noch zart und blaß, aber glücklich mit ihrem Joseph, ihren beiden Buben und ihrer neuen Nähmaschine.

Diese wunderbare, moderne Erfindung erlaubte mir, ihr bei ihrer Arbeit zu helfen.

Ich kniete unter dem kleinen Tisch und – halb zugedeckt von ihren Röcken – drehte ich mit meinen Händen das große Rad, das ich auf Befehl sofort zum Stehen brachte.

Mein Bruder Paul war ein kleiner Bursche von drei Jahren, mit weißer Haut und vollen Wangen, klaren, hellblauen Augen und den goldenen Locken unseres unbekannten Großvaters. Er hatte ein nachdenkliches Gemüt, weinte nie und spielte stundenlang allein unter dem Tisch mit einem Korken oder einem Lockenwickler. Aber er war erstaunlich gefräßig. Von Zeit zu Zeit spielte sich blitzartig ein Drama ab: man sah ihn plötzlich unter dem Tisch hervorkriechen; schwankend, mit ausgebreiteten Armen und blau im Gesicht, war er im Begriff zu ersticken.

Meine zu Tode erschrockene Mutter klopfte ihm auf den Rücken, steckte ihm den Finger in den Hals oder schüttelte ihn, wobei sie ihn wie Achilles an den Fersen hielt.

Dann spuckte er unter schrecklichem Röcheln eine große schwarze Olive aus, einen Pfirsichkern oder eine lange Scheibe Speck.

Danach kehrte er zu seinen einsamen Spielen zurück und hockte wie eine Kröte unter dem Tisch.

Joseph hatte sich prächtig herausgemacht. Er besaß einen neuen, dunkelblauen Anzug, wie es die Würde der Schule von Chemin des Chartreux verlangte. Seine Brille, früher stahlgerändert, hatte nun eine blinkende Goldfassung mit runden Gläsern. Dazu trug er eine Künstlerkrawatte, eine schwarze Schleife mit zwei hängenden Enden. Dieses anspruchsvolle Äußere war durch die Tatsache gerechtfertigt, daß er gemeinsam mit seinem Kollegen Arnaud jeden Donnerstag und jeden Sonntag vormittags an der Reproduktion geographischer Wandkarten arbeitete, die der Verlag Vidal-Lablache bis zu hundert Francs pro Stück honorierte. Im Familienbudget figurierte Vidal-Lablache also mit fünfundzwanzig Francs im Monat, und dieser Doppelname wurde doppelt gesegnet.

Ich näherte mich meinem sechsten Jahr und ging in die Vorschulklasse unter Leitung von Mademoiselle Guimard.

Mademoiselle Guimard war sehr groß, hatte einen hübschen braunen Schnurrbart, und wenn sie sprach, bebten ihre Nasenflügel. Trotzdem fand ich sie häßlich, denn sie war gelb wie ein Chinese und hatte vorstehende Kugelaugen.

Sie brachte meinen Mitschülern geduldig das ABC bei, aber mit mir beschäftigte sie sich nicht, da ich bereits fließend las, was sie auf eine unpassende Voreiligkeit meines Vaters zurückführte. Aus Rache stellte sie in der Singstunde vor der ganzen Klasse fest, daß ich falsch singe und besser meinen Mund halte, was ich gern tat. Der Kinderschwarm folgte den Noten, auf die sie mit ihrem Bambusstock zeigte und schrie sich die Lunge aus dem Leibe; ich blieb stumm und saß friedlich lächelnd da. Mit geschlossenen Augen dachte ich mir Geschichten aus und ging in Gedanken am Teich vom Borély-Park spazieren. Dieser Park ist ähnlich wie der von St. Cloud und liegt am anderen Ende des Prado von Marseille.

Donnerstags und sonntags kam meine Tante Rose, die ältere und ebenso hübsche Schwester meiner Mutter zu uns zu Tisch und fuhr nachher mit mir in der Trambahn zu diesem entzückenden Platz. Dort gab es eine uralte, schattige Platanenallee, wildwuchernde Sträucher, Wiesen, die einluden, darauf herumzutollen, Aufseher, die es verboten, und Teiche, auf denen ganze Flotillen von Enten schwammen.

Dort fanden sich zu jener Zeit auch Leute ein, die radfahren lernten. Mit starrem Blick und angespanntem Kinn verloren sie zum Schrecken ihrer Lehrer manchmal die Herrschaft über ihr Rad, überquerten die Allee, verschwanden in den Büschen und erschienen wieder, ihr Vehikel um den Hals. Dieses Schauspiel war nicht uninteressant, und ich lachte Tränen darüber. Aber meine Tante erlaubte mir nicht, lange in dieser Gefahrenzone zu bleiben. Sie zog mich – der ich mich mit verdrehtem Kopf von dem faszinierenden Anblick kaum losreißen konnte – in einen stillen Winkel am Ufer des Teiches.

Wir setzten uns auf eine Bank – immer auf die gleiche – vor einem dichten Lorbeerboskett zwischen zwei Platanen. Sie nahm eine Handarbeit aus ihrem Beutel, und ich spielte die Spiele meines Alters.

Meine Hauptbeschäftigung war, den Enten Brot zuzuwerfen. Diese dummen Tiere kannten mich genau. Sobald ich eine Brotkruste hervorholte, kam die Flotille angeschwommen, und ich begann mit meiner Zuteilung.

Wenn meine Tante nicht hinsah, lockte ich die Enten mit schmeichelnder Stimme und süßen Worten und warf Steine nach ihnen mit der festen Absicht, eine zu töten. Diese immer wieder getäuschte Hoffnung war der Reiz jener Spaziergänge, und schon in der ratternden Trambahn, die nach dem Prado fuhr, zitterte ich vor Ungeduld.

Eines schönen Sonntags war ich unangenehm überrascht, als ein Herr auf unserer Bank saß. Seine Gesichtsfarbe war altrosa; er hatte einen dicken, kastanienbraunen Schnurrbart, buschige, rote Augenbrauen, große blaue, leicht gerötete Augen und an den Schläfen einige graue Haare. Noch dazu las er Zeitung, und ich rechnete ihn sofort unter die Greise.

Meine Tante wollte mich zu einem anderen Platz führen, aber ich protestierte: das war unsere Bank und dieser Herr hatte zu gehen.

Er war höflich und zurückhaltend. Ohne ein Wort zu sagen, glitt er bis ans andere Ende der Bank und legte seine Melone und seine Lederhandschuhe, untrügliche Zeichen von Reichtum und guter Erziehung, neben sich.

Meine Tante richtete sich am entgegengesetzten Ende der Bank ein und holte ihr Strickzeug hervor; ich lief mit meiner Tüte voll Brotkrumen zum Ufer des Teiches.

Zuerst wählte ich einen sehr schönen Stein, ungefähr so groß wie ein Fünffrancstück, ziemlich flach und wunderbar scharf. Leider beobachtete mich ein Wärter. Ich versteckte den Stein in meiner Tasche und verteilte meine Krusten mit so freundlichen und liebevollen Worten, daß ich mich bald von einem ganzen Entengeschwader im Halbkreis belagert sah.

Der Wärter – ein ganz blasierter – schien wenig interessiert an diesem Schauspiel. Er drehte mir den Rücken zu und entfernte sich gemessenen Schrittes. Sofort zog ich meinen Stein hervor und hatte die etwas angsterfüllte Freude, einen alten Entenvater mitten auf den Kopf zu treffen. Doch anstatt zu kentern und auf der Stelle zu versinken, wie ich hoffte, flog der Enterich mit dem Eisenschädel fort und stieß entrüstetes Geschrei aus. Zehn Meter vom Ufer hielt er an und wandte sich erneut gegen mich. Er hob sich flügelschlagend aus dem Wasser und rief mir alle ihm bekannten Schimpfworte zu, von dem ohrenbetäubenden Geschnatter seiner Familie unterstützt.

Der Wärter war noch nicht sehr weit weg; ich flüchtete zu meiner Tante. Sie hatte nichts gesehen, sie hatte nichts gehört, sie strickte nicht, sie machte Konversation mit dem Herrn auf der Bank.

»Was für ein reizender kleiner Junge!« sagte er. »Wie alt bist du?«

»Sechs Jahre.«

»Er sieht aus wie sieben«, sagte der Herr. Dann lobte er mein gutes Aussehen und behauptete, daß ich wirklich sehr schöne Augen hätte. Meine Tante beeilte sich zu sagen, daß ich nicht ihr Sohn sei, sondern der Sohn ihrer Schwester und fügte hinzu, daß sie nicht verheiratet sei, worauf mir der freundliche alte Herr zwei Sous schenkte, um mir Bonbons im Kiosk am Ende der Allee zu kaufen.

Man ließ mir viel mehr Freiheit als gewöhnlich. Ich nahm die Gelegenheit wahr, um zu den Radfahrern zu gehen. Aus Vorsicht stellte ich mich auf eine Bank und konnte so einige unbeschreibliche Stürze miterleben.

Am komischsten war der Unfall eines alten Herrn von mindestens vierzig Jahren. Mit fürchterlichen Grimassen riß er die Lenkstange aus seinem Rad und fiel seitlich hin, wobei er weiter die Gummigriffe fest umklammerte. Man hob ihn auf, staubbedeckt, mit bis zu den Knien zerrissenen Hosen und genauso wütend, wie der alte Enterich. Ich hoffte nun auf eine Schlacht zwischen den Erwachsenen, aber da erschien die Tante mit dem Herrn von der Bank. Sie holten mich aus der Gruppe der Streitenden heraus, denn es war Zeit für den Heimweg.

Der Herr stieg mit uns in die Trambahn, er bezahlte sogar unsere Fahrkarten, trotz des energischen Protestes meiner Tante, die, zu meinem großen Erstaunen, ganz rot wurde. Erst sehr viel später verstand ich, daß sie sich wie eine regelrechte Kurtisane vorgekommen war, weil ein Herr, den sie kaum kannte, drei Sous für uns bezahlt hatte.

An der Endstation verließen wir ihn, und mit seiner Melone in der Hand verbeugte er sich höflich.

Als wir an unsere Haustür kamen, empfahl meine Tante mir mit leiser Stimme, von dieser Begegnung niemandem etwas zu erzählen. Sie ließ durchblicken, daß dieser Herr der Eigentümer des Borély-Parks sei, und wenn ich auch nur ein Wort über diese Begegnung sagte, würde er es sicher erfahren und uns verbieten, wieder in den Park zu kommen. Als ich sie fragte, warum, sagte sie, das sei ein ›Geheimnis‹. Ich war begeistert – wenn auch nicht ein Geheimnis selbst, so doch von seiner Existenz zu wissen. Ich versprach und hielt Wort.

Unsere Parkpromenaden wurden immer häufiger, und der liebenswürdige ›Besitzer‹ erwartete uns stets auf unserer Bank. Aber es war schwer, ihn von weitem zu erkennen, denn er hatte nie denselben Anzug an. Manchmal trug er eine helle Jacke mit blauer Weste, manchmal einen Jagdanzug über einem gestrickten Pullover; ich habe ihn sogar im Cutaway gesehen.

Tante Rose trug jetzt eine Federboa und ein kleines Tüllhütchen, auf dem ein blauer Vogel seine Flügel ausbreitete, als wollte er ihren Haarknoten ausbrüten. Sie lieh sich den Sonnenschirm von meiner Mutter, ihre Handschuhe, oder ihre Handtasche. Sie lachte, sie errötete und wurde immer hübscher. Bei unserer Ankunft im Park übergab der ›Besitzer‹ mich erst einmal dem Eselswärter; auf den Eseln ritt ich stundenlang spazieren. Dann durfte ich mit dem Wagen fahren, der von vier Ziegen gezogen wurde, und zum Schluß mit der Berg- und Talbahn. Ich wußte, daß diese Großzügigkeit ihn nichts kostete, da ihm ja der ganze Park gehörte. Aber deshalb war ich nicht weniger dankbar und stolz, einen so reichen Freund zu haben, der mir mit all dem seine Liebe bewies.

Sechs Monate später, als ich mit meinem Bruder Paul Verstecken spielte, schloß ich mich im Büfett ein, nachdem ich die Teller zur Seite geschoben hatte. Paul suchte mich in meinem Zimmer, und ich hielt den Atem an, um mich nicht zu verraten, als mein Vater, meine Mutter und meine Tante ins Eßzimmer kamen. Meine Mutter sagte:

»Trotzdem, siebenunddreißig Jahre, das ist ein bißchen alt!«

»Ich bitte dich!« sagte mein Vater. »Ich werde Ende des Jahres dreißig und halte mich immer noch für einen jungen Mann. Siebenunddreißig, das ist das beste Alter! Und abgesehen davon – Rose ist auch nicht mehr achtzehn!«

»Ich bin sechsundzwanzig«, sagte Tante Rose, »und er gefällt mir.«

»Was macht er denn auf der Präfektur?«

»Er ist zweiter Vorstand. Er verdient zweihundertzwanzig Francs im Monat.«

»Sieh mal an!« sagte mein Vater.

»Außerdem hat er eine kleine Rente von seiner Familie.«

»Soso!« sagte mein Vater.

»Er sagte mir, daß wir mit einem Einkommen von dreihundertfünfzig Francs im Monat rechnen können.«

Ich hörte meinen Vater pfeifen, und dann fügte er hinzu:

»Ja, dann gratuliere ich dir, meine liebe Rose. Aber ist er wenigstens hübsch?«

»Nein«, sagte meine Mutter, »davon kann keine Rede sein. Er ist nicht hübsch.«

Worauf ich plötzlich die Tür des Büfetts aufstieß, auf den Fußboden sprang und schrie:

»Doch! Er ist hübsch! Er ist fabelhaft!«

Dann rannte ich in die Küche und riegelte die Tür hinter mir zu.

Die Folge all dieser Ereignisse war, daß der ›Besitzer‹ eines Tages zu uns ins Haus kam, begleitet von Tante Rose.

Unter dem Rand seiner glänzenden, schwarzen Melone lachte er über das ganze Gesicht.

Tante Rose sah rosig aus, und von Kopf bis Fuß rosa angezogen, strahlten ihre schönen Augen unter einem blauen Schleier, der von ihrem Hütchen wehte.

Sie kamen von einer kurzen Reise zurück, und es gab innige Umarmungen von allen Seiten. Ja, der ›Besitzer‹ umarmte vor unseren erstaunten Augen meine Mutter und dann meinen Vater.

Dann nahm er mich unter den Achseln, hob mich hoch, sah mich einen Augenblick an und sagte:

»Jetzt heiße ich Onkel Jules, weil ich der Mann der Tante Rose bin.«

Das Erstaunlichste war, daß er gar nicht Jules hieß. Sein eigentlicher Vorname war Thomas. Aber da meine gute Tante gehört hatte, daß die Leute auf dem Lande ihren Nachttopf einen Thomas nennen, hatte sie beschlossen, ihn umzutaufen in Jules, ausgerechnet ein Name, der zur Bezeichnung des obigen Objektes noch viel häufiger verwendet wird. Das unschuldige Geschöpf, das nie beim Militär gedient hatte, ahnte es nicht, und niemand wagte, sie aufzuklären, nicht einmal Onkel Thomas-Jules, der sie viel zu sehr liebte, um ihr zu widersprechen, besonders wenn er im Recht war.

Onkel Jules stammte aus den Weinbergen, im goldenen Roussillon, wo viele Leute viele Weinfässer rollen. Er hatte den Weinberg seinen Brüdern überlassen und war der Intellektuelle der Familie geworden, denn er hatte Jura studiert, aber trotzdem war er Katalane geblieben, und seine Zunge rollte die R's wie ein Bach die Kiesel.

Ich ahmte ihn nach, um meinen Bruder Paul zum Lachen zu bringen. Wir glaubten tatsächlich, daß die provençalische Aussprache, die Sprache unseres Vaters, eines Lehrers und Examinators, die einzig richtige sei, und daß Onkel Jules' rollende R's nur das äußere Anzeichen eines verborgenen Gebrechens sein konnten.

Mein Vater und er wurden Freunde, obwohl Onkel Jules, der älter und reicher war, gelegentlich ein gönnerhaftes Benehmen zeigte.

Von Zeit zu Zeit kritisierte er die übermäßige Länge der Schulferien.

»Ich gebe zu«, sagt er, »daß die Kinder diese lange Erholung brauchen. Aber während dieser Zeit könnte man die Lehrer doch anderweitig beschäftigen.«

»Ja, natürlich«, sagte mein Vater ironisch, »sie könnten für zwei Monate die städtischen Beamten ablösen, die von ihrem langen Nachmittagsschlaf erschöpft sind und vom vielen Sitzen Schwielen haben.«

Aber weiter gingen diese freundschaftlichen Scharmützel nicht, und das wirkliche Problem wurde, außer mit vorsichtigen Anspielungen, nie berührt: Onkel Jules ging zur Messe!

Als mein Vater – durch ein vertrauliches Geständnis, das Tante Rose meiner Mutter machte – erfuhr, daß er zweimal im Monat kommunizierte, war er ehrlich bestürzt und erklärte, »das sei die Höhe!« Meine Mutter flehte ihn daraufhin an, diese Tatsache hinzunehmen und vor allem dem Onkel gegenüber auf sein Repertoire an Witzen über die geistlichen Herren zu verzichten; besonders auf das Couplet über die aeronautischen Heldentaten des hochwürdigen Paters Dupanloup.

»Glaubst du, daß ihn das wirklich ärgern würde?«

»Ich bin überzeugt, er würde unser Haus nicht mehr betreten und auch meiner Schwester verbieten, uns zu besuchen.«

Mein Vater schüttelte betrübt den Kopf, aber plötzlich rief er wütend:

»Da hat man es wieder einmal! Die Intoleranz dieser Fanatiker! Hindere ich ihn vielleicht daran, jeden Sonntag seinen Gott aufzuessen? Verbiete ich dir, deine Schwester zu besuchen, weil sie mit einem Mann verheiratet ist, der daran glaubt, daß der Schöpfer des Weltalls in eigener Person jeden Sonntag in Hunderttausende von Meßkelchen heruntersteigt? Also gut, ich werde ihm meine Unvoreingenommenheit beweisen! Jawohl! Durch meine liberale Gesinnung werde ich ihn lächerlich machen. Oh nein, ich werde nicht von der Inquisition sprechen, weder von Calas noch von Hus, noch von all den anderen, die die Kirche auf den Scheiterhaufen geschickt hat; ich werde weder den Borgia-Papst noch die Päpstin Johanna erwähnen, und selbst, wenn er versucht, mir die unbefleckte Empfängnis zu predigen, die Erfindung einer Religion, die so kindlich ist wie die Märchen meiner Großmutter, werde ich ihm höflich antworten und mich damit begnügen, in meinen Bart zu lachen.«

Aber er hatte keinen Bart und er lachte durchaus nicht.

Trotzdem hielt er Wort, und ihre Freundschaft wurde durch gelegentliche Andeutungen, die der eine oder andere fallen ließ, nicht getrübt, weil ihre wachsamen Frauen alsbald durch überraschte Ausrufe oder lautes Gelächter, für das sie rasch ein Motiv erfanden, die Gefahr bannten.

Onkel Jules wurde bald mein großer Freund. Er lobte mich oft, daß ich Wort gehalten und das Geheimnis des Borély-Parks nie verraten hatte. Er erzählte jedem, der es hören wollte, daß *dieses Kind dazu geboren sei, ein großer Diplomat zu werden oder ein hoher Offizier.* (Diese Prophezeiung, die immerhin zwei Möglichkeiten offenließ, hat sich bis heute noch nicht erfüllt.) Er bestand darauf, meine Schulzeugnisse zu sehen, und belohnte – oder tröstete – mich mit Spielsachen und Konfekt oder Tüten voll Karamellbonbons.

Aber als ich ihm eines Tages vorschlug, in seinem wunderschönen Borély-Park ein kleines Haus bauen zu lassen, mit einem Balkon, von dem man die Radfahrer beobachten konnte, gestand er mir scherzend, daß er niemals der Eigentümer dieses Parks gewesen sei.

Ich war über den plötzlichen Verlust eines so schönen Familienbesitzes bestürzt und bedauerte, daß ich die längste Zeit einen abgefeimten Schwindler bewundert hatte.

Außerdem entdeckte ich an diesem Tag, daß die Erwachsenen genauso gut lügen konnten wie ich, und so kam es, daß ich mich unter ihnen nicht mehr sicher fühlte.

Andererseits sorgte diese Eröffnung, die meine eigenen vergangenen, gegenwärtigen und zukünftigen Lügen rechtfertigte, für meinen Seelenfrieden. Wenn es unbedingt nötig war, meinen Vater anzulügen, und mein kleines Gewissen sich schwach dagegen auflehnte, sagte ich mir zu meiner eigenen Beruhigung: ›Wie Onkel Jules‹, und dann log ich bewundernswert, mit Unschuldsaugen und reiner Stirn.

Zwei Jahre vergingen, ich triumphierte über den Dreisatz und nahm mit nie endendem Vergnügen das Vorhandensein des Titicacasees zur Kenntnis. Dann lernte ich den grausam-menschenscheuen ›Ludwig (X.) den Zänker‹ kennen sowie die trostlosen Regeln, die das Partizip Perfekt regieren.

Mein Bruder Paul hatte seinerseits das ABC überwunden, und abends im Bett studierte er die Philosophie der ›Vernickelten Füße‹.*

* ›Pieds Nickelés‹, Titel eines Kinderbuches

Eine kleine Schwester war geboren, und zwar ausgerechnet, als wir beide bei Tante Rose waren, die uns für zwei Tage eingeladen hatte, um uns Lichtmeßkrapfen zu backen.

Diese unglückliche Einladung hinderte mich, die tollkühne Behauptung meines Klassennachbarn Mangiapan richtigzustellen, der annahm, die Kinder kämen aus dem Nabel der Mutter heraus.

Diese Vorstellung schien mir erst lächerlich, aber eines Abends, nach längerer Untersuchung meines Nabels, mußte ich zugeben, daß er wirklich die Form eines Knopfloches hatte mit dem dazugehörigen Knopf in der Mitte. Ich schloß daraus, daß man ihn unter Umständen auf- und zuknöpfen konnte und daß Mangiapan die Wahrheit gesagt hatte.

Indessen fiel mir sofort ein, daß Männer keine Kinder bekommen; sie haben nur Söhne und Töchter, die Papa zu ihnen sagen, aber die Kinder kommen sicher von der Mutter, genau wie bei Hunden und Katzen. Also bewies mein Nabel gar nichts. Ganz im Gegenteil, seine Existenz auch bei Männern stellte Mangiapans Glaubwürdigkeit stark in Frage.

Was sollte man nun glauben, was denken?

Da gerade eine kleine Schwester geboren war, hieß es auf jeden Fall Augen und Ohren aufsperren, um das große Geheimnis zu ergründen.

Als wir von Tante Rose zurückkamen, machte ich rückblickend eine wichtige Entdeckung. Jetzt erst fiel mir auf, daß meine Mutter seit drei Monaten ihre Gestalt verändert hatte; sie ging mit zurückgebogener Brust wie der Briefträger zu Weihnachten. Eines Abends hatte Paul mich mit besorgter Miene gefragt: »Was hat denn unsere Augustine unter der Schürze?«

Ich wußte nicht, was ich ihm antworten sollte.

Wir fanden sie lächelnd, aber blaß und kraftlos im großen Bett wieder. Neben ihr in der Wiege ein kläglich schreiendes Geschöpf, das sein Gesicht verzog. Mangiapans Hypothese schien mir erwiesen, und ich küßte meine Mutter zärtlich, da ich mir vorstellte, wie sie gelitten hatte, als sie ihren Nabel aufknöpfen mußte.

Das kleine Wesen war uns erst sehr fremd. Außerdem gab meine Mutter ihm die Brust, was mich abstieß und Paul erschreckte. Er sagte: »Sie ißt sie uns viermal am Tage auf.« Aber als die Kleine anfing, taumelnde Schritte zu machen und unverständliche Laute zu stammeln, fühlten wir uns ihr gegenüber stark und weise und nahmen sie endgültig in unsere Gemeinschaft auf.

Onkel Jules und Tante Rose kamen sonntags zu uns – und ich ging fast jeden Donnerstag mit Paul zum Essen zu ihnen.

Sie bewohnten eine schöne Wohnung mit Gasbeleuchtung in der Rue de Minimes; die Tante kochte auch mit Gas und hatte ein Dienstmädchen.

Eines Tages bemerkte ich mit Verwunderung, daß auch meine Tante anschwoll, und sofort schloß ich daraus, daß ein neues Nabelaufknöpfen bevorstand.

Diese Vermutung wurde bestätigt durch eine Unterhaltung zwischen meiner Mutter und Mademoiselle Guimard, von der ich einige Bruchstücke aufschnappte.

Während der Metzger in der Räucherkammer ein schönes Beefsteak für vier Sous abschnitt, sagte Mademoiselle Guimard besorgt:

»Kinder von alten Leuten sind immer sehr zart ...«

»Rose ist gerade dreißig«, protestierte meine Mutter.

»Für ein erstes Kind ist das schon viel. Und vergessen Sie nicht, ihr Mann ist vierzig!«

»Achtunddreißig«, sagte meine Mutter.

»Dreißig und achtunddreißig sind achtundsechzig!« sagte Mademoiselle Guimard. Und sie schüttelte nachdenklich den Kopf, als ahne sie nichts Gutes.

Eines Abends eröffnete mein Vater uns, daß Mama nicht nach Hause komme, weil sie bei ihrer Schwester geblieben sei, ›die sich nicht wohl fühle‹. Wir aßen alle vier schweigend unser Abendessen, dann half ich meinem Vater, die kleine Schwester ins Bett zu bringen.

Das war eine schwierige Unternehmung mit dem Topf und den Windeln und unserer ständigen Angst, die Kleine zu zerbrechen. Als ich meine Socken auszog, sagte ich zu Paul:

»Jetzt knöpfen sie die Tante Rose gerade auf.«

Er las im Bett in seinen geliebten ›Vernickelten Füßen‹ und antwortete nicht. Aber ich hatte beschlossen, ihn in die großen Mysterien einzuweihen und fragte beharrlich weiter: »Weißt du, warum?« Er rührte sich genausowenig, und ich bemerkte, daß er eingeschlafen war.

Da nahm ich behutsam das Buch aus seinen Händen, streckte seine Knie gerade und blies die Lampe aus.

Am nächsten Tag, es war ein Donnerstag, sagte mein Vater zu uns:

»Jetzt aber aufgestanden, wir gehen zu Tante Rose, und ich verspreche euch eine schöne Überraschung!«

»Deine Überraschung kenne ich schon.«

»Nanu! Und was weißt du davon?«

»Ich will es dir nicht verraten, aber du kannst dich darauf verlassen, daß ich alles weiß.«

Er lächelte, fragte aber nichts mehr.

Wir machten uns alle vier auf den Weg. Die kleine Schwester sah sehr komisch aus, in einem Kleidchen, das wir ihr verkehrt angezogen hatten; und wegen ihres Geschreis war es uns nicht gelungen, sie zu kämmen.

Ich war von schrecklicher Sorge gequält; wir würden ein *Kind alter Leute* zu sehen bekommen, wie Mademoiselle Guimard sich ausgedrückt hatte. Aber sie hatte nichts Genaues gesagt, außer daß es achtundsechzig Jahre alt sein würde. Ich stellte es mir ganz verkrüppelt vor, und sicher würde es weiße Haare haben, dazu einen langen weißen Bart wie mein Großvater; kleiner und feiner natürlich, einen Babybart. Das wäre nicht schön. Aber es könnte vielleicht sofort sprechen und uns erzählen, woher es kam. Das wäre interessant!

Ich wurde schwer enttäuscht.

Man führte uns in Tante Roses Zimmer, um sie zu umarmen. Sie sah vollkommen zugeknöpft aus, nur etwas blaß. Meine Mutter saß auf dem Bettrand, und zwischen beiden lag ein Baby, ein Baby ohne Bart, noch Schnurrbart. Es schlief friedlich und hatte ein dickes, pausbäckiges Gesichtchen unter einem Kranz von blonden Haaren.

»Da seht ihr euren Vetter!« sagte meine Mutter leise.

Sie betrachteten ihn beide gerührt, begeistert, entzückt, mit so übertriebener Bewunderung – und auch Onkel Jules, der gerade hinzukam, war so rot vor Stolz –, daß Paul mich angewidert ins Eßzimmer zog, wo wir die vier Bananen verspeisten, die er im Vorbeigehen auf einer Kristallschale erspäht hatte.

An einem schönen Aprilabend kam ich mit meinem Vater und Paul von der Schule heim. Es war ein Mittwoch, der schönste Tag in der Woche, denn der schönste Tag ist der, an dem man sich auf den nächsten freut, und in Frankreich ist der Donnerstag schulfrei.

Als wir die Rue de Tivoli entlang gingen, sagte mein Vater zu mir:

»Morgen früh brauche ich dich, mein Junge.«

»Wozu?«

»Das wirst du schon sehen. Es ist eine Überraschung.«

»Brauchst du mich auch?« fragte Paul gespannt.

»Selbstverständlich«, sagte mein Vater. »Marcel muß mit mir gehen, und du bleibst zu Hause und paßt auf die Putzfrau auf, die den Keller auskehrt. Das ist sehr wichtig.«

»Eigentlich fürchte ich mich, in den Keller zu gehen«, sagte Paul, »aber wenn die Putzfrau da ist, habe ich keine Angst.«

Am nächsten Morgen gegen acht Uhr weckte mein Vater mich, indem er ein Hornsignal nachmachte. Dann warf er meine Decken an das Fußende des Bettes.

»In einer halben Stunde mußt du fertig sein. Ich rasiere mich inzwischen.«

Ich rieb meine Augen mit den Fäusten, streckte mich und stand auf.

Paul hatte sich unter seine Decken verkrochen; man sah nur noch eine seiner goldblonden Locken.

Der Donnerstag war ein Tag, an dem man sich von Kopf bis Fuß waschen mußte; meine Mutter nahm diese Dinge sehr ernst. Ich zog mich erst einmal fix und fertig an, und dann tat ich so, als ob ich ausgiebig Toilette machte: zwanzig Jahre vor der ersten Geräuschkulisse im Radio komponierte ich die Symphonie der Morgenwäsche.

Zuerst öffnete ich den Wasserhahn, den ich geschickt nur so weit aufdrehte, daß es in der Leitung rauschte und meine Eltern annehmen mußten, dies sei der Beginn des Unternehmens.

Während der Wasserstrahl geräuschvoll in das Becken sprudelte, sah ich aus sicherer Entfernung zu.

Nach vier bis fünf Minuten drehte ich den Hahn so heftig zu, daß die Wand erzitterte.

Ich wartete einen Augenblick, den ich damit verbrachte, mich zu kämmen. Dann rückte ich möglichst laut die kleine Blechwanne auf den Kacheln hin und her und machte den Wasserhahn wieder auf, diesmal aber langsam mit kleinen Drehungen. Es zischte und miaute, dann wieder schnarrte es in kurzen Stößen. Ich ließ das Wasser eine Minute lang laufen, gerade so lange, wie ich brauchte, um eine Seite in den ›Vernickelten Füßen‹ zu lesen. Als Croquignol dem Polizisten überraschend ein Bein stellte und über der Ankündigung ›Fortsetzung folgt‹ die Flucht ergriff, schloß ich plötzlich den Hahn. Der Erfolg ließ nichts zu wünschen übrig, denn ich erreichte eine doppelte Detonation. Dann stieß ich nochmals hörbar an die Blechwanne und hatte im vorgeschriebenen Zeitraum eine annehmbare Morgentoilette beendet, ohne daß ich mit einem Tropfen Wasser in Berührung gekommen war.

Mein Vater saß am Tisch im Eßzimmer, er zählte Geld. Meine Mutter, ihm gegenüber, trank ihren Kaffee. Ihre schwarzen Zöpfe, die bläulich schimmerten, hingen hinter ihrem Stuhl bis auf den Fußboden. Mein Kaffee stand auf dem Tisch. Sie fragte mich:

»Hast du dir auch die Füße gewaschen?«

Da ich wußte, daß sie auf diese unsinnige Maßnahme besonderen Wert legte, was mir unerklärlich war (denn die Füße sieht man ja nicht), antwortete ich im Brustton der Überzeugung:

»Alle beide.«

»Hast du dir die Nägel geschnitten?«

Ich überlegte, daß das Eingeständnis einer kleinen Nachlässigkeit die gewissenhafte Ausführung alles übrigen nur bekräftigen würde.

»Nein«, sagte ich. »Daran habe ich nicht gedacht. Aber ich habe sie mir erst am Sonntag geschnitten.«

»Nun gut«, sagte sie.

Sie schien befriedigt, und ich war es auch.

Während ich meine Butterbrote aß, fragte mein Vater:

»Du weißt nicht, wohin wir gehen? Also, hör zu. Deine Mutter muß ein bißchen aufs Land. Deshalb habe ich zusammen mit Onkel Jules eine Villa in den Hügeln gemietet, und dort werden wir die großen Ferien verbringen.«

Ich war hingerissen.

»Und wo ist sie, diese Villa?«

»Weit von der Stadt entfernt. Mitten im Kiefernwald.«

»Sehr weit?«

»Oh ja«, sagte meine Mutter. »Man muß mit der Trambahn fahren, und dann noch stundenlang laufen.«

»Also ist es in der Wildnis?«

»Ungefähr«, sagte mein Vater. »Sie liegt genau am Rand einer einsamen Hochebene, die sich von Aubagne bis nach Aix hinzieht, eine richtige Wüste.«

Paul lief auf nackten Füßen herbei, um zu hören, was vorging, und fragte:

»Gibt es dort Kamele?«

»Nein,« sagte mein Vater, »Kamele gibt es nicht.«

»Und Rhinozerosse?«

»Ich habe keine gesehen.«

Ich wollte auch tausend Fragen stellen, aber meine Mutter sagte: »Iß jetzt!«

Und weil ich vergaß, mein Butterbrot weiterzuessen, nahm sie meine Hand und führte sie mir zum Mund.

Dann sagte sie zu Paul:

»Und du zieh dir erstmal deine Pantoffeln an, sonst bekommst du wieder eine Mandelentzündung. Vorwärts! Mach, daß du weiterkommst!«

Er lief schnell weg.

Ich fragte:

»Also dann nimmst du mich heute früh mit in die Hügel?«

»Nein, noch nicht«, sagte er. »Diese Villa ist vollkommen leer, und wir müssen sie einrichten. Aber neue Möbel kosten sehr viel Geld, deshalb gehen wir heute zum Trödler in der Rue de Quatre Chemins.«

Mein Vater hatte eine Leidenschaft: beim Trödler alten Kram einkaufen.

Jeden Monat, wenn er im Rathaus sein Gehalt abgeholt hatte, brachte er einige Prachtstücke mit: einen kaputten Maulkorb (für einen halben Franc), einen verbeulten Kompaß (ein Franc fünfzig), den Bogen einer Baßgeige (ein Franc), eine Operationssäge (zwei Francs), ein Marinefernrohr, durch das man alles auf dem Kopf sah (drei Francs), ein Skalpiermesser (zwei Francs), ein etwas verbogenes Jagdhorn mit dem Mundstück einer Posaune (drei Francs) und gar nicht zu reden von all den geheimnisvollen Gegenständen, deren Zweck niemand erraten konnte und die überall im Haus herumlagen.

Diese monatlichen Errungenschaften waren für Paul und mich immer ein wahres Fest. Meine Mutter teilte unsere Begeisterung nicht. Sie betrachtete fassungslos den Schießbogen von den Fidschiinseln oder den Präzisionshöhenmesser, dessen Zeiger nie mehr von den viertausend Metern heruntergehen wollte, auf denen er infolge einer Montblancbesteigung oder eines Treppensturzes stehengeblieben war.

Dann sagte sie energisch:

»Daß vor allem die Kinder nichts anfassen!«

Sie lief in die Küche und kam mit Alkohol, Eau de Javel und Seifensoda zurück, womit dieses Strandgut dann gründlich sauber gebürstet wurde.

Ich muß erwähnen, daß damals die Mikroben noch ganz neu waren, da der große Pasteur sie gerade erst entdeckt hatte. Meine Mutter stellte sich darunter winzige Tiger vor, die immer auf dem Sprung waren, uns von innenher aufzufressen.

Sie schüttelte das Jagdhorn, das sie mit Eau de Javel angefüllt hatte, und sagte tiefbetrübt:

»Ich frage mich nur, mein armer Joseph, was du mit all diesem Dreckzeug anfangen willst.«

Der arme Joseph antwortete triumphierend:

»Drei Francs!«

Ich begriff erst später, daß es nicht das Objekt war, das er kaufte, es war sein Preis, dem er nicht widerstehen konnte.

»Dann hast du also drei Francs zum Fenster hinausgeworfen!«

»Aber meine Liebe, wenn du dieses Jagdhorn herstellen wolltest, denk doch an den Einkauf des Kupfers, denke an das Spezialhandwerkszeug, das du dazu brauchen würdest, denke an die unerläßlichen Hunderte von Stunden Arbeit, um das Kupfer zu formen!«

Meine Mutter zuckte nur leicht die Achseln, und man sah ihr an, daß sie nie daran gedacht hatte, ein solches Jagdhorn, noch irgendwelche andere Hörner herzustellen.

Mein Vater sagte herablassend:

»Du machst dir nicht klar, daß dieses Instrument – als solches vielleicht nutzlos – trotzdem ein wahrer Fund ist. Denk doch eine Sekunde nach: wenn ich das Horn absäge, erhalte ich ein Hörrohr, ein Sprachrohr, einen Trichter oder den Schalltrichter eines Phonographen. Wenn ich das übrige Stück spiralförmig biege, erhalte ich die Rohrschlange für einen Brennkolben. Ich kann es auch zu einem Blasrohr ausziehen oder zu einem Wasserleitungsrohr, aus *Kupfer*, wohlverstanden! Zerschneide ich es aber in dünne Scheiben, bekommst du zwanzig Dutzend Vorhangringe und durchbohre ich es mit hundert kleinen Löchern haben wir die schönste Dusche; wenn ich es in den Spund des Waschzubers einpasse, gibt es einen Stöpsel.« So verwandelte er vor seinen bewundernd lauschenden Söhnen und seiner recht verzagten Frau das unnütze Instrument in tausend Gegenstände, die genauso unnütz, nur zahlreicher waren.

Das war der Grund, warum meine Mutter bei der bloßen Erwähnung des ›Trödlers‹ mehrmals mit leicht besorgter Miene den Kopf geschüttelt hatte.

Aber sie sprach ihren Gedanken nicht aus, sondern fragte mich nur:

»Hast du ein Taschentuch?«

Natürlich hatte ich ein Taschentuch, und es war sogar sauber, da es seit acht Tagen unbenützt in meiner Tasche steckte.

Was mich betraf, so konnte ich alles, was meine Atmung geräuschvoll störte, mit dem Nagel meines Zeigefingers aus der Nase herausholen; der elterliche Aberglaube verlangte, daß man dazu ein Taschentuch benutzte. Es kam schon vor, daß ich mich seiner bediente, um meine Schuhe zu polieren, oder die Schulbank abzuputzen. Aber der Gedanke, mich in ein so feines Tuch zu schneuzen und es nachher wieder in die Tasche zu stecken, erschien mir absurd und unappetitlich. Doch da die Kinder zu spät auf die Welt kommen, um ihre Eltern zu erziehen, müssen sie deren unheilbare fixe Ideen respektieren und dürfen ihnen niemals Kummer machen. Deshalb zog ich mein Tuch aus der Tasche, verbarg einen ziemlich großen Tintenfleck geschickt in der Hand und schwenkte es wie auf einem Bahnsteig vor meiner lieben Mama, die nun beruhigt war. Dann folgte ich meinem Vater auf die Straße.

Am Rand des Gehsteigs stand ein kleiner Handkarren, den mein Vater beim Nachbarn geliehen hatte, und auf dem Wagen las man in großen, schwarzen Buchstaben:

BERGOUGNAS
HOLZ UND KOHLEN

Mein Vater stellte sich rückwärts zwischen die Griffstangen und schob den Wagen etwas zurück.

»Du mußt die Bremsen bedienen, wenn wir die Rue de Tivoli hinunterfahren.«

Ich sah diese Straße von weitem, die wie eine Rutschbahn anstieg. »Aber Papa«, sagte ich, »die geht ja bergauf!«

»Ja«, sagte er, »jetzt geht sie bergauf. Aber ich bin beinahe sicher, daß sie auf dem Heimweg bergab gehen wird, und dann sind wir schwer beladen. Vorläufig kannst du dich auf das Wägelchen setzen.«

Ich setzte mich genau in die Mitte, um das Gleichgewicht zu halten. Meine Mutter sah hinter dem gebogenen Fenstergitter unserer Abfahrt zu.

»Gebt vor allem auf die Trambahn acht«, sagte sie.

Worauf mein Vater, um sein Selbstvertrauen zu zeigen, ein fröhliches Wiehern ausstieß und zweimal kurz mit den Füßen ausschlug. Dann ging es im Galopp dem Abenteuer entgegen.

Am Ende des Boulevard de la Madeleine hielten wir vor einem finsteren Laden. Seine Auslage begann als Verkehrshindernis bereits auf dem Bürgersteig, der mit seltsamen Möbeln vollgestellt war, darunter eine alte Feuerwehrpumpe, an der eine Geige hing.

Der Besitzer dieses Geschäftes war sehr groß, sehr mager und sehr schmutzig. Er trug einen grauen Bart und auf seinen Troubadourlocken einen Künstlerhut. Er sah melancholisch aus und rauchte eine Tonpfeife.

Mein Vater war schon bei ihm gewesen und hatte einige ›Möbel‹ zurückstellen lassen: eine Kommode, zwei Tische und mehrere Bündel polierter Holzteile, die sich nach Meinung des Trödlers wieder zu sechs Stühlen zusammenbauen ließen. Da war auch ein kleines Sofa, das seine Eingeweide verlor wie das Pferd eines Toreros, drei aufgeplatzte Matratzen, einige halbleere Strohsäcke, eine Vitrine ohne Fächer, ein Wasserkrug, der einen Hahn vorstellen sollte, und verschiedene, verrostete Gebrauchsgegenstände für den Haushalt.

Der Trödler half uns, das Zeug auf den Handkarren zu laden, der mit seiner zu Boden hängenden Stütze aussah wie ein Esel im Frühling. Das Ganze wurde mit Stricken, die vom langen Gebrauch schon faserig waren, zusammengeschnürt. Dann rechnete der Trödler den Kaufpreis aus. Nach einer längeren Meditation sah er meinen Vater starr an und sagte:

»Das macht fünfzig Francs.«

»Oho!« sagte mein Vater. »Das ist zu teuer!«

»Es ist teuer, aber schön«, sagte der Trödler, »und die Kommode ist aus der Zeit.«

Dabei wies er auf die wurmstichige Ruine.

»Das glaube ich gern«, sagte mein Vater. »Sicher ist sie aus irgendeiner Zeit, nur nicht aus unserer.«

Der Trödler fragte angewidert:

»Sind Sie wirklich so für das Moderne?«

»Meine Güte«, sagte mein Vater, »ich kaufe das ja nicht für ein Museum, ich will es benutzen.«

Dieses Geständnis schien den Alten zu betrüben.

»Also Ihnen sagt das gar nichts, daß dieses Möbel vielleicht die Königin Marie Antoinette im Nachthemd gesehen hat?«

»Seinem Zustand nach würde ich mich nicht wundern, wenn es den König Herodes in Unterhosen gesehen hätte.«

»Da muß ich Ihnen widersprechen und kann Sie dahingehend belehren, daß der König Herodes zwar vielleicht Unterhosen trug, aber auf keinen Fall eine Kommode besaß. Nur Kästen mit goldenen Nägeln und eine Art hölzernen Koffer. Ich verrate Ihnen das, weil ich ein ehrlicher Mann bin.«

»Ich danke Ihnen«, sagte mein Vater, »und weil Sie ein ehrlicher Mann sind, lassen Sie mir das Ganze für fünfunddreißig Francs.«

Der Trödler sah uns beide nacheinander an, schüttelte den Kopf und erklärte mit schmerzlichem Lächeln:

»Das ist leider unmöglich. Ich schulde meinem Hauswirt fünfzig Francs, die er heute mittag einkassieren will.«

»Na, so etwas!« sagte mein Vater entrüstet. »Wenn Sie Ihrem Hauswirt hundert Francs schuldig wären, würden Sie womöglich hundert Francs von mir verlangen?«

»Natürlich müßte ich das tun. Wo sollte ich das Geld denn sonst hernehmen? Sehen Sie, wenn ich ihm nur vierzig Francs schuldete, würde ich vierzig von Ihnen verlangen und wäre ich dreißig schuldig, so nähme ich dreißig.«

»In diesem Fall komme ich am besten morgen wieder, wenn Sie ihn bezahlt haben und ihm gar nichts mehr schuldig sind...«

»Das geht jetzt nicht mehr!« schrie der Trödler. »Es ist schon elf Uhr. Sie sind auf das Geschäft eingegangen, jetzt dürfen Sie nicht mehr zurücktreten. Abgesehen davon sehe ich natürlich ein, daß es kein glücklicher Zufall war, der Sie gerade heute hierher geführt hat. Aber was wollen Sie, jeder hat sein Schicksal. Sie sind jung und unverbraucht, kerzengerade gewachsen und haben ein Paar wundervolle Augen. Solange es Bucklige und Einäugige gibt, haben Sie kein Recht, sich zu beklagen. Fünfzig Francs, dabei bleibt es!«

»Gut«, sagte mein Vater, »dann werden wir diese Trümmer wieder abladen und uns anderswo eindecken. Mach die Stricke auf, Marcel.«

Der Antiquitätenhändler packte mich am Arm und rief:

»Warten Sie doch!«

Er sah meinen Vater entrüstet und traurig an, schüttelte den Kopf und sagte zu mir:

»Wie gewalttätig er ist!«

Dann ging er auf ihn zu und erklärte feierlich:

»Über den Preis wollen wir nicht mehr reden, er ist fünfzig

Francs, und billiger kann ich es nicht machen. Aber ich kann die Ware aufrunden!«

Damit ging er in seinen Laden. Mein Vater blinzelte mir triumphierend zu, und wir folgten ihm. Da gab es Bollwerke von Schränken, lepröse Spiegel, Helme, Standuhren und ausgestopfte Tiere. Er wühlte in diesem Durcheinander und zog verschiedene Gegenstände hervor.

»Da Sie ein Liebhaber der Moderne sind«, sagte er, »gebe ich Ihnen erst einmal diesen Nachttisch aus emailliertem Blech und diesen Wasserhahn in Form eines Schwanenhalses *galvanoplastisch vernickelt*. Sie werden nicht bestreiten wollen, daß das modern ist. Zweitens gebe ich Ihnen dieses damaszierte, arabische Gewehr; es ist kein Gewehr mit Zündstein, sondern mit Zündhütchen. Ist der lange Lauf nicht prächtig! Fast wie eine Angelrute. Und«, fügte er leise hinzu, »sehen Sie sich doch einmal die Initialen in arabischen Buchstaben an, die auf dem Kolben eingraviert sind.«

Er wies auf die Zeichen, die wie eine Handvoll Kommas aussahen und flüsterte:

»A und K! Haben Sie begriffen?«

»Sie werden mir doch nicht weismachen wollen, daß dieses Gewehr Abd el-Kader gehört hat?«

»Ich mache Ihnen gar nichts weis«, sagte der Trödler mit Überzeugung. »Man hat schon andere Sachen erlebt! Wer Ohren hat, der höre! Dazu gebe ich Ihnen noch einen Feueranzünder aus ziseliertem Kupfer und diesen Hirtenregenschirm (der wie neu ist, wenn Sie den Bezug wechseln), dann diese Trommel von der Elfenbeinküste, ein Museumsstück, und schließlich dieses Schneiderbügeleisen. Ist es so recht?«

»Sehr anständig, aber ich hätte gern noch diesen alten Hühnerstall.«

»Hm«, machte der Trödler, »ich gebe zu, daß er alt ist, aber man kann ihn noch genauso gut gebrauchen wie einen neuen. Doch weil Sie es sind, sollen Sie ihn haben!«

Mein Vater reichte ihm einen lila Fünfzigfrancschein. Er nahm ihn mit ernstem Gesicht und nickte mit dem Kopf.

Als wir endlich unsere Beute unter die schon gespannten Schnüre geschoben hatten, zündete er seine Pfeife wieder an und sagte plötzlich:

»Ich hätte Lust, Ihnen ein Bett für den Kleinen zu schenken!«

Er ging wieder in seinen Laden, verschwand in dem Wald von Schränken und kam triumphierend zurück. Auf seinen ausgebreiteten Armen trug er einen Rahmen aus vier alten Brettern, die so schlecht zusammengefügt waren, daß bei der geringsten Bewegung aus dem Rechteck ein Rhombus wurde. Auf eines der Bretter war mit Tapeziernägeln ein rechteckiges Stück Juteleinen genagelt, das mit seinen ausgefransten Enden wie eine Elendsfahne herunterhing.

»Um die Wahrheit zu sagen, fehlt leider der zweite Rahmen, der mit diesem ein X bilden sollte. Aber mit vier hölzernen Latten können Sie das leicht in Ordnung bringen. Und der Kleine wird schlafen wie ein Pascha.«

Er kreuzte die Arme auf der Brust und neigte leicht den Kopf, als ob er mit seligem Lächeln einschlafen wollte.

Wir dankten ihm überschwenglich. Er schien gerührt, hob die rechte Hand mit einem kohlschwarzen Daumen und schrie:

»Warten Sie, ich habe noch eine Überraschung für Sie!«

Und er verschwand wieder in seinem Laden. Aber mein Vater hatte schon die Griffstangen erfaßt, setzte den Karren rasch in Bewegung und eilte den Boulevard de la Madeleine hinunter; da erschien der freigebige Alte nochmals auf dem Bürgersteig und schwenkte eine riesige Rotkreuzfahne in der Luft. Wir fanden es aber unnötig, sie zu holen.

Als meine Mutter, die am Fenster stand, uns mit dieser Ladung auftauchen sah, verschwand sie sofort, um gleich darauf am Hauseingang wieder zu erscheinen.

»Joseph«, sagte sie wie gewöhnlich, »du wirst diesen schmutzigen Kram doch nicht ins Haus bringen wollen?«

»Dieser ›schmutzige Kram‹ ist der Grundstock unserer ländlichen Einrichtung. Ich verspreche dir, daß du nicht müde werden wirst, sie anzusehen. Laß uns nur Zeit, daran zu arbeiten! Ich habe meinen Plan, und ich weiß, was ich will!«

Meine Mutter schüttelte den Kopf und seufzte. Der kleine Paul eilte herbei, um beim Ausladen zu helfen.

Wir schleppten das gesamte Material in den Keller, wo mein Vater unsere Werkstatt einrichten wollte.

Unsere Tätigkeit begann mit einem Diebstahl, den ich auszuführen hatte. Ich mußte meiner Mutter aus der Küchentischschublade einen eisernen Löffel entwenden. Sie suchte ihn lange, fand ihn auch mehrmals wieder, erkannte ihn aber nie, denn wir hatten ihn mit dem Hammer flach geschlagen, um ihn als Kelle zu benutzen.

Mit diesem, eines Robinson Crusoe würdigen Utensil kitteten wir zwei Eisendrähte in die Kellermauer, befestigten sie mit vier Schrauben an einem wackligen Tisch, dessen Stabilität damit gesichert war und der so zur Hobelbank aufrückte.

Dann installierten wir einen quietschenden Schraubstock und dämpften ihn mit einigen Tropfen Öl. Dann sortierten wir das Handwerkszeug: Eine Säge, einen Hammer, eine Zange, Nägel in allen Größen, aber ausnahmslos verbogen durch frühere Benutzung, Schrauben, Schraubenzieher, einen Hobel und einen Meißel aus Holz.

Ich bewunderte diese Werkzeuge, die der kleine Paul nicht anzurühren wagte, denn er glaubte an die selbsttätige Bosheit von spitzen und scharfen Gegenständen und machte wenig Unterschied zwischen einer Säge und einem Krokodil.

Er begriff jedoch, daß große Dinge sich vorbereiteten; oft lief er plötzlich fort. Dann kam er zurück und brachte uns mit reizendem Lächeln zwei Enden Bindfaden, kleine Zelluloidscheren und eine Schraubenmutter, die er auf der Straße gefunden hatte.

Wir nahmen diese Ergänzung unserer Werkzeuge mit Ausrufen der Begeisterung und Dankbarkeit entgegen, über die Paul vor Stolz errötete.

Mein Vater setzte ihn auf einen Holzschemel und empfahl ihm, ja nicht herunterzuklettern.

»Du wirst uns sehr nützlich sein«, sagte er, »denn die Werkzeuge haben eine ganz schlechte Angewohnheit. Sobald man eines sucht, weiß es Bescheid und versteckt sich . . .«

»Weil es Angst vor den Hammerschlägen hat«, sagte Paul.

»Natürlich!« sagte mein Vater. »Also gib gut auf sie acht von deinem Hocker aus, das wird uns viel Zeit ersparen.«

Jeden Abend um sechs Uhr verließ ich mit ihm die Schule. Auf dem Heimweg besprachen wir unsere Arbeiten und kauften noch Kleinigkeiten ein, die wir vergessen hatten: Tischlerleim, Schrauben, einen Topf Farbe, einen Hobel. Wir gingen öfter beim Trödler vorbei, der unser Freund geworden war. Seine Bude war für mich eine Zauberwelt, denn ich hatte jetzt die Erlaubnis, nach Herzenslust herumzukramen. In diesem Laden gab es alles; nur das, was man suchte, fand man nie. Waren wir gekommen, einen Besen zu kaufen, dann gingen wir mit einem

Blasinstrument oder einem Wurfspieß weg, demselben, der den ›Prinzen Bonaparte‹ getötet hatte, wie der Trödler versicherte. Kaum waren wir zu Hause angekommen, nahm meine Mutter uns nach eingeführtem Brauch unsere Beute ab, wusch mir eilig die Hände und bürstete unsere Trophäen mit einer Lysollösung ab. Nach dieser medizinischen Säuberungsaktion verschwand ich über die Kellertreppe und fand meinen Vater in Gesellschaft von Paul in der ›Werkstatt‹.

Die Beleuchtung bestand aus einer Petroleumlampe. Sie war aus Kupfer, schon etwas verbeult und trug eine Matadorampel, das heißt, der kreisförmige Docht kam aus einem Kupferrohr und stieg in einen kleinen Metallpilz, der die Flamme zwang, sich wie eine Blumenkrone auszubreiten. Dieser Flammenkranz war ziemlich groß, und um ihn einzufassen, besaß das Glas, das die Engländer treffend den Kamin nennen, dort, wo man es aufsetzte, eine sinnvolle Ausbuchtung. Mein Vater bezeichnete diese Lampe als den letzten Schrei der Technik, und wirklich verbreitete sie intensives Licht und zugleich einen gewaltig modernen Geruch.

Wir fingen mit der Zusammensetzung der Stühle an. Das war ein regelrechtes Puzzle und um so schwieriger zu lösen, als die Beine nicht in die Löcher der Seitenteile paßten und alle verschieden lang waren. Wir gingen zum Trödler, um uns zu beschweren. Erst tat er sehr erstaunt, aber dann überließ er uns ein ganzes Bündel Stuhlbeine zur Auswahl und als Zugabe ein kleines Geschenk in Gestalt eines Paares mexikanischer Steigbügel.

Nun wurden die sechs Stühle mit Hilfe von viel Leim, den ich in warmem Wasser aufweichte, hergerichtet und aufpoliert. Meine Mutter webte aus dickem Bindfaden die Sitze, die mit überraschendem Raffinement von einer dreifachen Borte eingefaßt wurden.

Nachdem mein Vater die Stühle um den Eßtisch gruppiert hatte, betrachtete er sie eine geraume Weile. Dann erklärte er, daß die Möbel, so hübsch aufgefrischt, mindestens das Fünffache ihres Kaufwertes hätten. Und wieder einmal mußten wir sein Talent für Gelegenheitskäufe bei Trödlern bewundern.

Dann kam die Kommode an die Reihe, deren Schubladen so verzogen waren, daß wir sie ganz auseinandernehmen und lange geduldig daran herumhobeln mußten.

Diese Arbeiten, die nicht länger als drei Monate dauerten, nehmen in meinen Erinnerungen trotzdem einen wichtigen

Platz ein, denn beim Licht der Matadorampel entdeckte ich die Geschicklichkeit meiner Hände und lernte die wunderbare Wirksamkeit einfachster Werkzeuge kennen.

An einem schönen Donnerstagmorgen konnten wir im Hausgang unserer Wohnung das Mobiliar für die Villa der großen Ferien aufstellen. Onkel Jules war in seiner Eigenschaft als sicherer Bewunderer gebeten worden und der Trödler als Sachverständiger dazugekommen.

Der Onkel bestaunte, der Trödler begutachtete; er lobte die angebrachten Stifte und Zapfen und fand, daß alles gut geleimt war.

Da das Ganze aber mit nichts Ähnlichkeit hatte, erklärte er, es sei ›provençalischer Bauernstil‹, was Onkel Jules schulmeisterlich bestätigte.

Meine Mutter war entzückt, wie hübsch die Möbel aussahen, und ganz genau, wie mein Vater es vorausgesagt hatte, konnte sie sich nicht satt daran sehen. Vor allem bewunderte sie ein Tischchen, das ich sorgfältig dreimal mit Mahagonilack gestrichen hatte. Es sah wirklich reizend aus, aber es war besser, man betrachtete es anstatt es anzufassen, denn wenn man nur die Hand darauf legte, bewegte es sich wie unter der Berührung eines Mediums. Ich glaubte, daß jeder diesen Nachteil bemerkte, aber niemand verlor ein Wort darüber, das den Erfolg unserer Ausstellung geschmälert hätte.

Ich hatte später übrigens das Vergnügen festzustellen, daß ein kleiner Fehler oft große Vorteile bringen kann, denn das Tischchen, in einer gutbeleuchteten Ecke wie ein Stilmöbel aufgestellt, zog durch den üppig auf seiner Platte verteilten Lack soviel Fliegen an, daß Ruhe und Sauberkeit des Ferien-Eßzimmers gesichert waren, wenigstens im ersten Jahr.

Bevor unser großzügiger Sachverständiger aufbrach, öffnete er einen alten Koffer, den er mitgebracht hatte. Er nahm eine riesige Pfeife heraus, deren Kopf aus einer Wurzel geschnitten und ebenso groß wie meiner war. Diese Pfeife verehrte er meinem Vater als Kuriosum. Dann schenkte er meiner Mutter eine Muschelkette *aus dem Besitz der Königin Ranavalo* und indem er sich entschuldigte, daß er für Onkel Jules nichts mitgebracht habe, der *bei etwas Geduld nicht zu kurz kommen solle*, empfahl er sich mit den Allüren eines Grandseigneurs.

Die erste Julihälfte war sehr lang.

Die Möbel warteten im Hausgang, und wir warteten in der Schule, wo wir nicht mehr viel lernten.

Die Lehrer lasen uns Geschichten von Andersen oder von Alphonse Daudet vor, und danach spielten wir den größten Teil des Tages auf dem Schulhof. Aber wir trieben diese Spiele ohne Überzeugung, denn sie waren plötzlich klein und reizlos im Hinblick auf die langsam, aber sicher näherrückenden, endlosen Spiele der großen Ferien.

Ich wiederholte mir fortwährend einige magische Worte: *die Villa, die Kiefern, die Hügel, die Grillen.* Auch auf den Platanen des Schulhofes gab es Grillen, aber ich hatte nie welche aus der Nähe gesehen, und mein Vater hatte mir Tausende versprochen, die ich fast immer mit den Händen fangen könne. Wenn die liebeskranken Sängerinnen uns unsichtbar im hohen Laub der Platanen verhöhnten, dachte ich ohne eine Spur von Poesie: »Na warte nur, Freundchen, wenn wir erst in den Hügeln sind, zünde ich dir Feuer unter dem Hintern an.« So liebenswürdig sind die ›kleinen Engel‹ von acht Jahren.

Eines Abends kamen Onkel Jules und Tante Rose zu uns zum Abendessen. Bei Tisch wurden alle Vorbereitungen für den großen Aufbruch besprochen, der am nächsten Tag stattfinden sollte.

Onkel Jules, der sich schmeichelte, ein Organisator zu sein, erklärte zuerst, daß man der schlechten Straßen wegen unmöglich einen großen Wagen mieten könne, was außerdem ein Vermögen kosten würde, vielleicht sogar zwanzig Francs.

Er hatte also zwei Wagen bestellt: einen kleinen Möbelwagen, um seine eigenen Möbel zu befördern sowie seine Frau, seinen Sohn und ihn selbst, und zwar zum Preis von sieben Francs fünfzig. In dieser Summe war ein Möbelpacker enthalten, der den ganzen Tag zur Verfügung stand.

Für uns hatte er einen Bauern namens François gefunden, dessen Hof nur einige hundert Meter entfernt von der Villa lag. Dieser François kam zweimal die Woche mit einem Karren nach Marseille, um auf dem Markt sein Obst und Gemüse zu verkaufen. Auf dem Rückweg würde er unsere Möbel für den bescheidenen Preis von vier Francs mitnehmen. Diese Abmachung entzückte meinen Vater, aber Paul fragte:

»Und wir? Fahren wir auch mit dem Karren?«

»Nein«, sagte der Organisator, »ihr nehmt die Trambahn bis La Barasse, und von da geht ihr pedibus cum jambis, bis ihr den

Bauern trefft. Für Augustine wird man schon ein Plätzchen auf dem Karren finden, und die drei Männer gehen mit dem Bauern hinterher.«

Die ›drei Männer‹ gingen mit Vergnügen auf diesen Vorschlag ein, und die Unterhaltung, die bis gegen elf Uhr dauerte, wurde einfach märchenhaft, denn Onkel Jules erzählte von der Jagd, und mein Vater erzählte von den Insekten. Das war so spannend, daß ich noch im Traum auf Tausendfüßler, Heuschrecken und Skorpione schoß, bis ich schließlich erwachte.

Am anderen Morgen waren wir schon um acht Uhr fix und fertig im Ferienanzug; Hosen aus ungebleichtem Leinen und weiße Hemden mit kurzen Ärmeln, aber mit blauen Krawatten geschmückt.

Diese Kleidung war das Werk meiner Mutter. Im Warenhaus hatten wir Schirmmützen und Espadrillos gekauft, Strohsandalen mit Sohlen aus geknüpfter Schnur.

Mein Vater trug eine Jacke aus Ziegenleder mit zwei großen, aufgesetzten Taschen und eine dunkelblaue Mütze. Meine Mutter sah jung und schön aus in einem weißen Kleid mit kleinen, roten Blumen, das ihr besonders gut gelungen war.

Die kleine Schwester, die mit großen, schwarzen Augen unter einem blauen Häubchen hervorsah, schien ängstlich zu sein, denn sie hatte gemerkt, daß wir das Haus verlassen wollten.

Der Bauer hatte uns vorsorglich mitgeteilt, daß unsere Abfahrt nicht von seinem guten Willen abhänge, sondern davon, wie schnell er seine Aprikosen verkaufen könne.

An diesem Tag ging der Verkauf nicht sehr schnell, denn mittags war er immer noch nicht da.

Wir frühstückten also in dem schon leeren Haus etwas Wurst und kaltes Fleisch, und liefen fortwährend ans Fenster, um nach unserem Ferienboten Ausschau zu halten.

Endlich erschien er.

Es war ein blauer Karren, von einem so verwaschenen Blau, daß das rohe Holz durchschimmerte.

Die hohen Räder bogen sich bedenklich nach der Seite, und wenn sie eine Umdrehung hinter sich hatten, gab es jedesmal einen knirschenden Stoß. Die eisernen Reifen klapperten auf dem Pflaster, die Deichsel ächzte, die Hufe des Maultiers sprühten Funken. Das war der Karren des Abenteuers und der Hoffnung ...

Der Bauer, der ihn kutschierte, hatte weder Jacke noch Bluse an, sondern eine vom Schmutz verfilzte, gestrickte Weste aus dicker Wolle, auf dem Kopf eine unförmige Mütze mit verbogenem Schirm. Aber prachtvolle weiße Zähne blitzten aus dem schöngeschnittenen Gesicht eines römischen Kaisers.

Er sprach provençalischen Dialekt, lachte und ließ seine Peitsche knallen, einen langen Riemen, an einem aus Schilfrohr geflochtenen Griff.

Mit Hilfe meines Vaters und sehr behindert durch den kleinen Paul (der sich an die größten Möbelstücke klammerte und behauptete, er transportiere sie), belud der Bauer den Karren, das heißt, er schichtete das Mobiliar pyramidenförmig auf, danach sicherte er das Gleichgewicht durch ein Gitter von dicken und dünnen Stricken und warf über das Ganze eine durchlöcherte Plane.

Dann schrie er auf provençalisch:

»Für diesmal hätten wir's!« und ergriff die Zügel des Maultiers, das er mit groben Flüchen und heftigem Reißen an der Kandare des unempfindlichen Tieres in Bewegung setzte.

Wie einem Leichenwagen folgten wir unserem Besitz bis zum Boulevard Mérentié. Dort trennten wir uns von dem Bauern, um in die Trambahn zu steigen.

Mit dröhnendem Gedonner, dem Klirren seiner zitternden Fensterscheiben und mit langem, durchdringenden Kreischen in den Kurven sauste das wunderbare Vehikel der Zukunft entgegen.

Da auf den Bänken kein Platz mehr war, standen wir – welcher Genuß! – auf der vorderen Plattform. Ich sah den Rücken des Führers, der, die Hände an zwei Kurbelrädern, mit überlegener Ruhe die Schwünge des Monstrums bald beschleunigte, bald bremste. Ich war gebannt von dieser allmächtigen Persönlichkeit, die ein großes Mysterium umgab, denn ein Emailleschild verbot jedermann, mit ihm zu sprechen, wegen all der Geheimnisse, die er wußte. Paul überließ ich seinem traurigen Schicksal: eingezwängt zwischen den langen Beinen von zwei Polizisten schleuderten die Wagenstöße ihn mit der Nase nach vorn auf die enorme Hinterfront einer Dame, die gefährlich hin und her schwankte.

Nun kamen die glänzenden Schienen in schwindelnder Eile auf mich zu. Der Fahrtwind hob den Schirm meiner Mütze und dröhnte mir in den Ohren. In zwei Sekunden überholten wir ein galoppierendes Pferd. Selbst auf den schnellsten, modernsten Fahrzeugen habe ich nie wieder diesen triumphierenden Stolz empfunden, ein kleiner Mensch und Sieger über Raum und Zeit zu sein.

Aber das Feuerroß aus Stahl und Eisen, das uns den Hügeln näher brachte, führte uns nicht bis hinauf. In einem Vorort von Marseille, genannt La Barasse, mußten wir aussteigen, und die Trambahn setzte ihre tolle Fahrt nach Aubagne fort.

Mein Vater, eine Karte in der Hand, ging mit uns eine kleine, staubige Straße aus der Stadt hinaus. Wir folgten in schnellem Tempo unserem Joseph, der die kleine Schwester auf den Schultern trug.

Dieser schmale provençalische Weg war sehr hübsch Er wand sich durch zwei von der Sonne durchglühte Mauern, über deren Rand die großen Blätter der Feigenbäume, buschige Clematisranken und hundertjährige Oliven sich zu uns herunterneigten. Am Fuß der Mauern gab es viel Unkraut und Geröll, was bewies, daß der Eifer der Straßenarbeiter für diesen Weg nicht ausreichte.

Ich hörte die Zikaden singen und auf der im Licht honiggelben Mauer entdeckte ich Tiere, die wie in Stein gehauen dort lagen und mit offenem Mund die Sonne tranken. Es waren graue Eidechsen, glänzend wie Graphit. Paul eröffnete sofort die Jagd auf sie, brachte aber nur zappelnde Schwänze mit. Mein Vater erklärte uns, daß die reizenden Tiere die Schwänze gern in den Händen ihrer Verfolger zurücklassen, so wie Diebe ihre Jacken den Polizisten opfern. Übrigens wächst ihnen in wenigen Tagen ein neuer Schwanz nach, um eine neue Flucht zu sichern . . .

Nachdem wir ungefähr eine Stunde gegangen waren, kreuzte unsere Straße eine andere, an einem fast runden, vollkommen leeren Platz. In einer der vier Ausbuchtungen des Plätzchens stand eine Steinbank, auf der meine Mutter sich niederließ.

Mein Vater entfaltete seine Karte wieder und sagte:

»Hier ist der Platz, an dem wir die Trambahn verlassen haben. Hier befinden wir uns jetzt, und hier ist die Kreuzung von Quatre Saisons, wo unser Fuhrmann auf uns wartet, falls nicht wir auf ihn warten müssen.«

Ich betrachtete erstaunt den doppelten Strich, der unsere Straße bezeichnete: sie machte einen enormen Umweg.

»Die Straßenbauer sind ja verrückt«, sagte ich, »eine Straße mit so vielen Windungen anzulegen.«

»Die Straßenbauer sind nicht verrückt, sondern unsere Gesellschaftsordnung ist absurd«, antwortete mein Vater.

»Wieso?« fragte meine Mutter.

»Weil uns dieser Umweg von vier oder fünf Privatbesitzungen aufgezwungen wird, die hinter diesen Mauern liegen und durch die die Straße nicht weitergeführt werden durfte. Hier«, sagte er, auf einen Punkt der Karte weisend, »hier ist unsere Villa . . . in Luftlinie ist sie keine vier Kilometer von La Barasse entfernt. Aber einiger Großgrundbesitzer wegen sind neun daraus geworden!«

»Das ist viel für die Kinder!« sagte meine Mutter.

Aber ich merkte, daß es für sie selbst zu viel war, deshalb bat ich, als mein Vater wieder aufbrechen wollte, noch um ein paar Minuten Rast und schützte Knöchelschmerzen vor.

Wir marschierten noch eine weitere Stunde die Mauern entlang, zwischen denen wir hindurchrollen mußten wie die Kugeln eines Geduldspiels.

Paul wollte wieder nach Eidechsenschwänzen jagen, aber meine Mutter verbot es ihm mit strengen Worten, die ihm die Tränen in die Augen trieben. Also gab er dieses grausame Spiel auf, um Heuschrecken zu fangen, die er zwischen zwei Steinen zerquetschte.

Unterdessen setzte mein Vater meiner Mutter auseinander, daß in der Gesellschaftsordnung der Zukunft alle Schlösser in Hospitäler umgewandelt, alle Mauern niedergerissen und alle Straßen schnurgerade gebaut würden.

»Also willst du eine neue Revolution?« fragte sie.

»Dazu braucht man keine neue Revolution. Das ist außerdem ein schlecht gewähltes Wort, denn es bedeutet die Umkehrung alles Bestehenden. Die Folge wäre, daß die Großen zwar heruntersteigen, aber bei der nächsten Umkehrung ihren alten Platz wieder einnehmen würden, und alles wäre umsonst gewesen. Diese ungerechten Mauern sind keine Erbschaft des Ancien-Regime. Nicht etwa, daß unsere Republik sie nur duldete: sie hat sie selbst gebaut.«

Ich liebte diese sozialpolitischen Vorträge meines Vaters, die ich mir auf meine Weise auslegte, über alles. Oft fragte ich mich, warum der Präsident der Republik nie daran gedacht hatte, ihn zu berufen – wenigstens während der Ferien, denn in drei Wochen hätte er das Glück der Menschheit gesichert.

Unser Weg mündete unversehens in eine viel breitere, aber ebensowenig gepflegte Straße.

»Jetzt sind wir bald an der verabredeten Stelle«, sagte mein Vater. »Die Platanen dort gehören zum Gasthof Quatre Saisons. Und schaut«, dabei deutete er auf das dichte Gras am Fuß der Mauer, »das sieht vielversprechend aus!«

Im Gras lagen meterlange, total verrostete Schienen.

»Was ist das?« fragte ich.

»Das sind Trambahnschienen für die neue Linie«, sagte mein Vater. »Sie müssen nur noch gelegt werden ...«

Den ganzen Weg entlang trafen wir auf Schienen, aber das Unkraut, das sie überwucherte, bezeugte, daß die Erbauer der Linie es mit ihrer Fertigstellung nicht eilig hatten.

Wir kamen vor dem ländlichen Gasthof Quatre Saisons an. Das kleine Haus lag an der Straßenkreuzung, unter breitästigen Platanen versteckt, hinter einem hohen Springbrunnen aus bemoostem Muschelwerk. Funkelnd klares Wasser, das aus vier gebogenen Röhren floß, sang glucksend im Schatten sein frisches Lied.

Es mußte angenehm sein, unter den Kronen der Platanen an kleinen, grünen Tischen zu sitzen. Aber wir betraten die ›Kneipe‹ nicht, denn gerade in ihrem einladenden Äußeren lag die Gefahr.

Statt dessen setzten wir uns auf die niedrige Steinmauer am Wegrand. Meine Mutter packte das Vesperpaket aus, und wir verzehrten das goldglänzende, knusprige Brot, wie es damals noch gebacken wurde, und die feine, weißgesprenkelte Wurst, aus der ich erst einmal die Pfefferkörner herausholte wie am Dreikönigstag die Bohne aus dem Kuchen. Dann aßen wir die vom langen Marsch auf spanischen Sohlen sanft gewiegten Orangen.

Meine Mutter sagte sorgenvoll:

»Joseph, es ist ziemlich weit bis zur Villa!«

»Dabei sind wir noch lange nicht dort«, sagte mein Vater vergnügt. »Es dauert mindestens noch eine Stunde.«

»Heute haben wir nichts zu tragen, aber wenn wir Vorräte hinaufbringen müssen ...«

»Wir werden sie schon hinaufbringen ...«

»Wir sind ja drei Männer, Mama«, sagte Paul. »Du brauchst überhaupt nichts zu tragen.«

»Natürlich ist es ein etwas ausgedehnter Spaziergang«, sagte mein Vater, »aber trotzdem ein sehr gesunder. Außerdem können wir ja nur zu Weihnachten, zu Ostern und in den großen

Ferien herauskommen, also dreimal im Jahr. Wir brechen zeitig auf, und auf halbem Weg frühstücken wir im Gras. Zur Vesper rasten wir ein zweites Mal. Und dann hast du ja die Schienen gesehen. Ich werde mit Michels Bruder, dem Journalisten, sprechen. Es ist unverantwortlich, daß man die Schienen hier verrosten läßt. Ich wette mit dir, daß uns die Trambahn noch vor Ablauf der nächsten sechs Monate nach La Croix bringt. Das ist ungefähr sechshundert Meter von hier. Dann haben wir im ganzen nur noch eine knappe Stunde zu gehen.«

Bei seinen Worten sah ich die Schienen aus dem Gras hervorkommen und sich in das Pflaster einfügen, während von weitem dumpfes Rollen die Trambahn ankündigte.

Als ich den Kopf hob, erblickte ich zwar nicht die allmächtige Maschine, wohl aber die schaukelnde Pyramide unseres Umzugs.

Paul stieß einen Freudenschrei aus und lief auf das Maultier zu. Der Bauer nahm ihn um die Hüften und setzte ihn rittlings auf den Hals des Tieres. Vor Angst und Freude trunken, klammerte er sich an die Trense, mit einem Lächeln, das zwischen Begeisterung und Panik schwankte, während ich von schändlicher Eifersucht verzehrt wurde.

Der Karren hielt an, und der Bauer sagte: »Jetzt werden wir Madame unterbringen.«

Er legte einen viermal gefalteten Sack auf den Boden des Karrens dicht neben der Wagendeichsel; mein Vater hob meine Mutter hinauf, die ihre Beine hängen ließ, legte ihr die kleine Schwester in die Arme, deren Mund ganz verschmiert von Schokolade war, und ging neben ihnen, derweil ich auf die Mauer geklettert war und tanzend hinter dem Troß herhüpfte.

Nicht nur beruhigt und sicher, sondern triumphierend wiegte Paul sich graziös im Schritt des Maultiers vor und zurück, und ich unterdrückte nur mit Mühe den brennenden Wunsch, mich hinter ihm auf den Rücken des Tieres zu schwingen.

Der Horizont vor uns war hinter hohen, laubgekrönten Bäumen verborgen, die zu beiden Seiten den Weg säumten.

Nach einem Marsch von zwanzig Minuten entdeckten wir zwischen zwei Tälern auf einem Hügel ein kleines Dorf; die Aussicht war rechts und links von zwei steilabfallenden Felsen blockiert, die von den Provençalen ›les Barres‹ genannt werden.

»Das ist das Dorf La Treille«, sagte mein Vater.

Ein steiler Aufstieg stand uns bevor.

»Hier muß Madame absteigen«, sagte der Bauer, »wir müssen den Karren ein bißchen schieben.«

Das Maultier war von selbst stehen geblieben; meine Mutter sprang auf den staubigen Weg.

Der Bauer hob Paul vom Rücken des Maultiers herunter und öffnete unter dem Bauch des Wagens eine Lade, aus der er zwei große Holzkeile herausholte.

Einen gab er zu ihrer Überraschung meiner Mutter.

»Das ist ein Bremsklotz«, erklärte er. »Sobald ich es Ihnen sage, legen Sie ihn unter das Rad auf der rechten Seite.«

Sie schien glücklich, daß sie an dieser Männerarbeit teilhaben sollte, und nahm den großen Bremsklotz in ihre kleinen Hände.

»Und ich werde den anderen darunter legen«, sagte Paul.

Sein Vorschlag wurde angenommen; ich war über diese neue Verletzung der Rechte des Älteren zutiefst verärgert. Aber ich wurde großartig entschädigt, denn der Bauer reichte mir seine Peitsche, eine derbe Kutscherpeitsche, und sagte:

»Und du treibst das Maultier mit Schlägen an.«

»Wohin soll ich es schlagen? Auf den Hintern?«

»Überall hin, und zwar mit dem Stiel!«

Dann spuckte er in die Hände, zog den Kopf zwischen die Schultern und stemmte sich mit vorgestreckten Armen gegen die Rückwand des Karrens. Sein Körper bildete eine fast waagerechte Linie. Mein Vater machte es genauso wie er. Dann schrie der Bauer dem Maultier die unflätigsten Flüche zu und befahl mir: »Schlag zu! Schlag zu!« Ich schlug auf das Maultier ein, aber nicht heftig, mehr, um es zum Ziehen zu ermuntern. Die ganze Fuhre fing an zu schwanken und legte eine Strecke von dreißig Metern zurück. Da schrie der Bauer keuchend, ohne den Kopf zu heben:

»Die Bremsen! Die Bremsen!«

Meine Mutter, die hinter einem der Räder ging, schob ihren Keil schnell unter die eiserne Radfelge, und Paul machte es ihr mit bemerkenswerter Geschicklichkeit nach. Der Karren stand still ... Fünf Minuten wurde gerastet. Der Bauer nahm die Pause wahr, um mir zu sagen, daß ich das Maultier viel stärker schlagen müsse und hauptsächlich unter den Bauch.

»Nein! Nein! Das will ich nicht!« brüllte Paul.

Doch als mein Vater sich gerührt über die Güte des kleinen Burschen zeigte, wies Paul mit dem Finger auf den Bauern und schrie:

»Man muß ihm die Augen auskratzen!«

»Oho!« sagte François entrüstet, »mir die Augen auskratzen! Was ist denn das für ein Kannibale? Ich glaube, wir müssen ihn in die Lade einsperren.«

Und er tat so, als wollte er die Lade unter dem Karren aufmachen. Paul lief schnell fort und klammerte sich an die väterlichen Hosen.

»Da siehst du«, sagte mein Vater streng, »was daraus entsteht, wenn man den Leuten die Augen auskratzen will. Es endet damit, daß man in einer Schublade eingesperrt wird.«

»Das ist nicht wahr!« schrie Paul. »Ich will nicht!«

»Monsieur François«, sagte meine Mutter, »wir könnten damit vielleicht noch ein bißchen warten. Ich glaube, er hat das nur zum Spaß gesagt.«

»Solche Sachen sagt man nicht einmal zum Spaß«, meinte François. »Mir die Augen auskratzen! Und gerade heute, wo ich mir eine Sonnenbrille gekauft habe!«

Er zog tatsächlich einen Zwicker mit schwarzen Gläsern aus der Tasche, wie sie Hausierer für zwanzig Centimes auf dem Markt verkaufen.

»Du kannst sie ja trotzdem aufsetzen«, sagte Paul aus sicherer Entfernung.

»Du Bösewicht! Wenn man eine schwarze Brille auf ausgestochene Augen setzt, dann sieht man überhaupt nichts mehr! Aber für diesmal reden wir nicht mehr davon. Also los jetzt!«

Jeder nahm seinen Platz wieder ein. Jetzt schlug ich das Maultier unter den Bauch, nicht allzu stark, aber dafür schrie ich ihm um so lauter meine Befehle in die Ohren, während der Bauer es ›ein dummes Luder‹ nannte und es beschuldigte, sich von Exkrementen zu nähren.

Mit größter Anstrengung erreichten wir das Dörfchen oder vielmehr den Weiler, in dem die rötlichen Dachziegel der Häuser von altertümlicher Länge waren. Winzige Fenster durchbrachen die dicken Mauern.

Zur Linken gab es einen freien, von Platanen umgebenen Platz, gegen den Hang zu von einer hohen Mauer gestützt, die sich bedenklich nach hinten neigte. Rechts lag die Straße. Ich würde sagen: die Hauptstraße, wenn es noch eine andere gegeben hätte. Aber man bemerkte nur einen kleinen Durchgang, der keine zehn Meter lang war und es doch noch fertiggebracht hatte, in zwei rechten Winkeln einen Bogen zu machen, um den Dorfplatz zu erreichen. Dieser war kleiner als ein Schulhof und lag im Schatten zweier Akazien und eines uralten Maulbeerbaums mit rissigem Stamm: auf der Suche nach Sonne versuchten sie, den Kirchturm unter sich zu lassen.

In der Mitte des Platzes plätscherte ein Brunnen vor sich hin. Er bestand aus einer hellen Steinmuschel, die wie ein Leuchtereinsatz einen rechteckigen Stein umschloß, aus dem das kupferne Brunnenrohr ragte.

Nachdem das Maultier ausgespannt war (denn der Wagen hätte ihm auf dem kleinen Platz nicht folgen können), führte François es an die Muschel. Das Tier trank gierig das frische Wasser und schlug mit dem Schweif seine Flanken.

Ein Bauer kam vorbei; er war hager aber sehr groß. Unter seinem vor Schmutz steifen Filzhut sah man zwei rote Augenbrauen, buschig wie Gerstenhalme. Seine kleinen, schwarzen Augen funkelten wie aus der Tiefe eines Tunnels. Ein breiter, roter Schnurrbart verbarg seinen Mund, und seine Wangen waren von acht Tage alten Stoppeln bedeckt. Als er an dem Maultier vorbeikam, spuckte er aus, sagte aber nichts. Dann entfernte er sich schwankend mit gesenktem Blick.

»Das ist aber ein unsympathischer Geselle«, sagte mein Vater.

»Sie sind nicht alle so«, sagte der Bauer. »Der da will mir übel, weil es mein Bruder ist.«

Das schien ihm ein plausibler Grund zu sein. Er zog das Maultier vom Brunnen fort, das ein paar Äpfel fallen ließ und seinen Mastdarm wie eine Tomate nach außen stülpte.

Ich glaubte, daß es daran sterben würde, aber mein Vater beruhigte mich:

»Das tut es aus hygienischen Gründen«, sagte er. »Es ist seine Art, sauber zu sein.«

Wir verließen das Dorf, nun begann der Zauber, und ich fühlte das Erwachen einer Liebe, die mein Leben lang dauern sollte.

Eine unermeßliche Landschaft erhob sich vor mir im Halbkreis bis in den Himmel. Schwarze Kiefernwälder, durchzogen von Tälern, erstarben wie Meereswogen am Fuß dreier felsiger Gipfel.

Um uns begleiteten die Kämme niedriger Hügel unsern Weg, der sich zwischen zwei Schluchten hinschlängelte. Ein großer, schwarzer Vogel stand regungslos am Himmel, und von allen

Seiten erklang wie aus einem Meer von Musik das metallische Zirpen der Grillen. Sie hatten es eilig zu leben, denn sie wußten, mit dem Abend käme der Tod.

Der Bauer zeigte uns die Gipfel, die am Horizont der Landschaft den Himmel stützten.

Links in der untergehenden Sonne glitzerte eine weiße Bergspitze auf einem riesigen, rötlichen Kegel.

»Der da«, sagte er, »das ist der Tête-Rouge, der Rotkopf.«

Zu seiner Rechten blinkte eine bläuliche Spitze, etwas höher als die erste. Sie bestand aus drei übereinanderliegenden Terrassen, die nach unten breiter wurden wie die drei Volants des Pelzumhangs von Mademoiselle Guimard.

»Und der da, das ist der Taoumé«, sagte der Bauer.

Während wir dieses Massiv bewunderten, fügte er hinzu:

»Man nennt ihn auch das Rohr.«

»Was bedeutet das?« fragte mein Vater.

»Das bedeutet, daß man ihn das Rohr nennt oder den Taoumé.«

»Aber woher kommen diese Namen?«

»Es kommt daher, daß er zwei Namen hat, aber niemand weiß, warum. Sie haben ja auch zwei Namen, genau wie ich.«

Zur Abkürzung dieser weisen Erklärung, die mir nicht ausreichend erschien, schlug er dem Maultier seine Peitsche um die Ohren. Eine Salve von Fürzen war die Antwort.

Rechts im Hintergrund, aber viel weiter entfernt, ragte ein Abhang in den Himmel, auf seinen Schultern trug er den dritten Felsgipfel, der die ganze Gegend beherrschte.

»Und das ist der Garlaban. Auf der anderen Seite, direkt zu seinen Füßen liegt Aubagne.«

»In Aubagne bin ich geboren«, sagte ich.

»Dann bist du ja von hier«, sagte der Bauer.

Ich betrachtete stolz meine Familie und dann mit einem Gefühl neuer Zärtlichkeit die erhabene Landschaft.

»Und ich«, sagte Paul ungeduldig, »ich bin in Saint-Loup geboren. Bin ich dann auch von hier?«

»Ein bißchen«, sagte der Bauer. »Ein bißchen schon, aber nicht ganz ...«

Paul versteckte sich ärgerlich hinter mir. Und da er sich schon auszudrücken verstand, flüsterte er mir zu:

»Und der ist ein Dreckskerl!«

Man sah keinen Weiler, kein Gehöft, noch nicht einmal eine Hütte. Der Weg bestand nur noch aus zwei staubigen Streifen, zwischen denen wilde Gräser wucherten, die den Bauch des Maultiers kitzelten.

Auf dem Abhang, der sich rechts in die Tiefe senkte, überragten mächtige Kiefern ein dichtes Gestrüpp von Bergeichen, die nicht höher werden als ein Tisch, aber echte Eicheln tragen, wie Zwerge Menschenköpfe.

Über dem Tal türmte sich ein langgestreckter Hügel. Er hatte die Form eines Kriegsschiffes mit drei Kommandobrücken, eine über der anderen. Auf jeder wuchs ein Kiefernwald, getrennt durch steilabfallende, weiße Felsen.

»Und das«, sagte der Bauer, »sind die Felsen von Saint-Esprit.«

Bei diesem so eindeutig ›obskurantistischen‹ Namen zog mein Vater die eine Augenbraue in die Höhe, es war das Stirnrunzeln des Ungläubigen.

»Sind die Leute sehr bigott in dieser Gegend?«

»Es geht«, sagte der Bauer.

»Gehen Sie sonntags zur Messe?« fragte mein Vater.

»Das kommt darauf an ... In der Dürrezeit gehe ich nicht hin, erst wenn es wieder regnet. Der liebe Gott soll nur wissen, woran er ist.«

Ich war stark in Versuchung, ihn darüber aufzuklären, daß es den lieben Gott nicht gab, wie ich aus sicherer Quelle wußte. Aber da mein Vater schwieg, hielt auch ich mich bescheiden zurück.

Plötzlich bemerkte ich, daß meine Mutter auf den hohen Absätzen ihrer Knopfstiefeletten nur mit Mühe gehen konnte. Ohne ein Wort zu sagen, lief ich zum Karren vor, und es gelang mir, einen kleinen Handkoffer, den man rückwärts unter die Gurte des Vehikels gestopft hatte, herauszuziehen.

»Was machst du denn da?« fragte sie ganz überrascht.

Ich stellte den Koffer auf die Erde und packte ihre Espadrillos aus. Sie waren nicht größer als meine eigenen. Sie lächelte mich zärtlich an und sagte:

»Mein großer Dummkopf, wir dürfen uns hier nicht aufhalten.«

»Warum nicht? Wir holen sie leicht wieder ein.«

Auf einem Stein am Wegrand wechselte sie die Schuhe. Paul war herbeigelaufen und sah zu. Die Angelegenheit schien ihm ziemlich gewagt, denn er schaute sich schamhaft nach allen Seiten um, ob auch niemand unsere Mutter in Strümpfen gesehen haben konnte.

Sie nahm uns bei der Hand, und im Laufschritt holten wir den Karren ein, auf dem ich das kostbare Köfferchen wieder verstaute. Wie klein sie jetzt war! Sie sah aus wie fünfzehn mit ihren rosigen Wangen, und ich bemerkte mit Vergnügen, daß ihre Waden voller wirkten.

Der Weg stieg beständig an, und wir näherten uns den Kiefernwäldern.

Links senkte sich der Hügel in schmalen Terrassen bis tief in ein grünes Tal.

Der Bauer sagte zu meinem Vater:

»Dieses Tal hat auch zwei Namen. Man nennt es Le Vala oder den Bach.«

»Oh«, sagte mein Vater freudig überrascht, »es gibt also einen Bach?«

»Das will ich meinen«, sagte François, »und was für einen schönen.«

Mein Vater wandte sich uns zu:

»Kinder, unten im Tal gibt es einen Bach!«

»Nur wenn es regnet, natürlich«, fügte der Bauer hinzu.

Die Terrassen dieses Tales waren von Olivenbäumen bewachsen, die man zu viert oder fünft im Kreis gepflanzt hatte. Sie neigten sich nach rückwärts, um Raum zu gewinnen für ihr Blätterdach, das einen einzigen Strauß bildete. Es gab auch Mandelbäume in zartem Grün und leuchtende Aprikosen.

Noch wußte ich die Namen all dieser Bäume nicht, aber ich liebte sie sogleich.

Zwischen ihnen war die Erde unbebaut und mit gelbbraunem Gras bedeckt, das der Bauer ›Baouko‹ nannte. Es sah aus wie getrocknetes Heu, aber das war seine natürliche Farbe. Im Frühling strengt es sich an, am allgemeinen Jubel teilzunehmen, und zeigt ein schwaches Grün. Aber trotz seines armseligen Aussehens ist es lebendig und kräftig wie alle nutzlosen Pflanzen.

Dort sah ich zum erstenmal dunkelgrüne Büschel, die wie Zwergoliven aus diesem Baoukogras auftauchten. Ich verließ die Straße und lief zu ihnen, um ihre feinen Blätter zu berühren. Ein unbekannter Geruch, herb und stark hüllte mich wie eine Wolke ein, stieg mir zu Kopf und drang bis in mein Herz. Es war Thymian, der auf dem Kies der Hochebene sproß. Diese Pflanzen waren zu meiner Begrüßung herunter gekommen, um den kleinen Schüler mit dem verheißungsvollen Parfüm des Virgil bekannt zu machen.

Ich riß einige Reiser ab und lief zum Wagen zurück; dabei hielt ich die duftenden Zweige an die Nase.

»Was ist denn das?« fragte meine Mutter.

Sie nahm die Blüten, atmete ihren Duft ein und erklärte:

»Frischer Thymian! Damit werden wir unser Wildragout würzen.«

»Ach, Thymian!« sagte François verächtlich. »Da ist mir Pèbre d'Ai* schon lieber. Das ist auch eine Art Thymian, hat aber Ähnlichkeit mit Pfefferminz – man kann es schwer beschreiben – ich werde es Ihnen einmal zeigen.«

Er sprach dann über Majoran, Rosmarin, Salbei und Fenchel. Damit müsse man den Bauch des Hasen füllen oder aber die Kräuter fein gekocht mit einem Stück fetten Speck verzehren.

Meine Mutter hörte interessiert zu. Ich roch an meinen geheiligten Zweigen und schämte mich.

Der Weg ging immer noch aufwärts, und überquerte von Zeit zu Zeit eine kleine Hochebene. Wenn man sich zurückwandte, sah man das langgestreckte Tal des Huveaune, das sich unter einem silbrigen Dunststreifen bis zum glitzernden Meer hinzog.

Paul trottete neben uns her und schlug mit einem Stein an die Stämmchen der Mandelbäume, aus denen Schwärme von Grillen zitternd vor Entrüstung flüchteten.

Nun kam noch eine letzte Steigung, genauso steil wie die erste. Das Maultier zog den schwankenden Karren ruckweise bergauf. Angefeuert durch eine Salve von Knüppelhieben, den rund gebogenen Rücken plötzlich entspannend, schüttelte das Maultier bei jedem Ruck den Kopf und zog den wackeligen Karren stoßweise bergauf, dessen hohe Ladung wie der Zeiger eines Metronoms hin und her schwankte und im Vorbeifahren Olivenzweige abriß. Aber einer erwies sich stärker als das Tischbein, das meinem verdutzten Vater polternd auf den brummenden Schädel fiel.

Während meine Mutter, um einer Beule vorzubeugen, ein Zweisousstück auf die blutunterlaufene Stelle legte, tanzte der kleine Paul laut lachend um uns herum. Ich hob das schuldige Tischbein auf und stellte fest, daß der Sprung sich leicht reparieren ließ. Mit dieser beruhigenden Mitteilung lief ich zu meinem Vater, der unter dem Druck der Münze mit dem Porträt Napoleons III. eine Grimasse schnitt.

* Pfefferkraut

Wir holten das Fuhrwerk ein, das auf der Höhe des Hanges in einem Wäldchen rastete, um dem geplagten Maultier etwas Ruhe zu gönnen. Es schnaufte hörbar und blies seine mageren Flanken auf, die aussahen wie Faßreifen in einem Sack. Lange Fäden durchsichtigen Speichels flossen an seiner Gummitrense herunter.

Nun zeigte mein Vater uns mit der linken Hand – denn er rieb immer noch seinen schmerzenden Kopf – auf dem Hügel vor uns ein kleines Haus, halb versteckt hinter einem großen Feigenbaum.

»Dort ist es«, sagte er. »Das ist die Bastide Neuve. Das ist unser Ferienhaus: der Garten auf der linken Seite gehört uns auch!«

Dieser Garten war von einem rostigen Gitter umgeben und mindestens hundert Meter breit.

Ich konnte nichts außer einem kleinen Hain von Mandeln und Oliven unterscheiden, die über dichtem Gestrüpp ihre wildwuchernden Zweige miteinander vermählten: aber diesen winzigen Urwald hatte ich in all meinen Träumen gesehen, und gefolgt von Paul, stürzte ich mich mit einem Freudenschrei hinein.

Zwischen dem Haus und dem großen Feigenbaum auf der Terrasse stand ein kleiner Rollwagen. Seine Pferde fraßen gierig Hafer aus den über ihren Backen aufgehängten Säcken.

Onkel Jules, in Hemdsärmeln, war mit dem Ausladen seiner Möbel beschäftigt, genauer gesagt, er balancierte sie vom Wagenrand auf den breiten Rücken des Fuhrmanns.

Tante Rose, die in einem Korbsessel auf der Terrasse saß, gab unserem Vetter Pierre die Flasche, der seine Begeisterung durch Strampeln kundtat.

Onkel Jules hatte ein rotes Gesicht und war lustiger als je zuvor: er sprach laut und seine R's rollten wie eine Kinderklapper. Auf einem runden Eisentischchen standen zwei leere Flaschen und eine noch halb voll mit Rotwein.

»Na, da seid ihr ja endlich!« rief der Onkel freudig überrascht. »Ich frragte mich schon, ob ihrr unterwegs vielleicht Schiffbrruch errlitten habt.«

Mein Vater sah ihn ziemlich kühl an.

»Auf jeden Fall habt ihr euch angenehm die Zeit vertrieben«, sagte er und zeigte auf die drei leeren Flaschen.

»Mein lieber Freund«, sagte der Onkel, »Sie müßten wissen, daß Wein für Schwerarbeiter eine ganz unentbehrliche Nahrung ist, und ganz besonders für Möbelträger. Das gilt natürlich nur für Naturweine, und diesen hier habe ich selbst gezogen. Übrigens, wenn Sie Ihre Möbel erst ausgeladen haben, werden Sie auch froh sein, einen Becher voll zu trinken.«

»Mein lieber Jules«, antwortete mein Vater, »ich nehme vielleicht einen Schluck, um Ihrem Weinbau die Ehre zu erweisen, keinesfalls aber werde ich einen Becher voll trinken, wie Sie mir vorschlagen. Ein Becher von diesem Wein enthält höchstwahrscheinlich zwei Deziliter reinen Alkohol, und ich bin nicht genügend an dieses Gift gewöhnt, um eine solche Dosis zu vertragen. Subcutan injiziert würde das genügen, um drei ausgewachsene Kettenhunde zu töten. Übrigens sehen Sie ja, in welchen Zustand der Alkohol diesen Mann dort versetzt hat!«

Er zeigte auf den Möbeltransporteur, der mit rotunterlaufenen Augen an seinem hängenden Schnauzbart zog und sich torkelnd und röchelnd dem Wagen näherte. Er nahm einen Nachttisch unter den einen Arm, zwei Stühle unter den anderen und wollte mit großem Schwung durch die Haustür. Aber er blieb eingezwängt zwischen den Türangeln stecken, und der Druck des Nachttischchens entlockte seinem dicken Wanst ein donnerndes Rülpsen.

Meine Mutter wandte sich lachend ab, und Tante Rose platzte laut heraus. Paul amüsierte sich königlich, aber ich lachte nicht, denn ich war darauf gefaßt, den Armen in seiner fatalen Lage in Todeskrämpfen unter Möbeltrümmern zusammenbrechen zu sehen.

Anstatt dem Unglücklichen zu Hilfe zu kommen (dessen geschwollene Leber ich mir vorstellen konnte) wurde Onkel Jules rot vor Zorn und sagte:

»Hat man Worrte! Zum Donnerrwetterr! Hat man Worrte? Sie sehen doch, daß diese Tür zu schmal ist...«

»Das brauchen Sie mir nicht zu sagen«, erwiderte der Fuhrmann, vom Schluckauf geschüttelt, »aber ich habe sie ja nicht so schmal gemacht.«

»Der Herr hat ganz recht«, sagte mein Vater. »Er hat diese Tür nicht gemacht und sich selbst auch nicht. Da beide nicht zusammenpassen, besteht kein Grund, den Durchgang zu erzwingen. Übrigens sind eure Möbel ja ausgeladen und für meine brauche ich seine Hilfe nicht. Er ist sicher müde und da sein Arbeitstag zu Ende ist, wäre es besser, er würde in die Stadt zurückfahren.«

»Endlich ein Mann, der vernünftig spricht«, erklärte der Fuhrmann.

»Es ist fünf Uhr vorbei, ich bin Familienvater und obendrein habe ich noch einen Leistenbruch. Das glauben Sie vielleicht nicht, aber wenn Sie wollen, können Sie ihn sehen.«

»Sie sind ein Trunkenbold und ein Dummkopf«, sagte Onkel Jules. Der Mann mit dem Leistenbruch nahm eine drohende Haltung an:

»Ich weiß nicht, was mich daran hindert, Ihnen eins in die Fresse zu schlagen.«

Meine Tante und meine Mutter waren erschrocken aufgesprungen. Mein Vater trat dazwischen, aber der Betrunkene stieß ihn zurück, während er wiederholte:

»Ich weiß nicht, was mich hindert!«

Paul war blaß geworden und versteckte sich hinter dem Feigenbaum. Meine Augen suchten nach einem spitzen Stein. Da ertönte eine Stimme:

»Dreh dich etwas nach dieser Seite, dann wirst du sehen, mit was ich dich hindere.«

Es war François, der ganz ruhig näherkam, aber eine Taravelle, ein rundes Stück Holz, in der Hand hielt, die einzige Radspeiche des Karrens.

Der Fuhrmann drehte sich wütend um und schrie:

»Mit was? Mit was?«

»Mit Holz! Mit Holz!« antwortete François.

»Das ist wirklich stark!« sagte der Fuhrmann.

»Oh ja, sehr stark«, entgegnete François, der mit Kennermiene den Knüppel schwang. Dann wandte er sich an Onkel Jules:

»Haben Sie ihn bezahlt?«

»Noch nicht«, sagte der Onkel, »ich schulde ihm sieben Francs fünfzig.«

»Bezahlen Sie ihn«, sagte François.

Onkel Jules hielt dem Betrunkenen drei Silberstücke hin.

»Und das Trinkgeld?«

»Sie haben schon genug getrunken«, sagte mein Vater, »und glauben Sie mir, das tut Ihnen gar nicht gut.«

»Ihr seid eine Bande von Schweinehunden«, sagte der Möbeltransporteur.

»Marsch!« kommandierte François. »Steig auf deinen Kutschbock. Ich werde dir helfen umzudrehen.«

Er schaute ihn so drohend an, daß der Betrunkene plötzlich ganz sanft wurde.

»Du bist ein Kamerad«, sagte er, »du verstehst das Leben. Aber diese Bürger – oh la la! Mit ihrem Drecksnachttisch habe ich mir womöglich noch einen Magenriß zugezogen, und sowas will mir nicht einmal ein Trinkgeld geben! Aber das letzte Wort ist noch nicht gesprochen. Das wird schlimm enden, das wird sie teurer zu stehen kommen als die Steuern!«

Er suchte mühsam die Zügel zusammen; François hielt die Pferde fest am Halfter und ließ sie umdrehen. Als sie in gewünschter Richtung standen, holte er seine Peitsche vom Karren, und während der Fuhrmann mit erhobener Faust finstere Drohungen ausstieß, schlug François weitausholend und mit wilden Zurufen auf die Pferde ein: in einer Staubwolke unter Rädergerassel und Flüchen stob der Lastwagen davon, zurück in die Vergangenheit.

Nun begannen die schönsten Tage meines Lebens. Das Haus hieß die Bastide Neuve, aber es war schon seit ziemlich langer Zeit neu. Es war die Ruine eines ehemaligen Bauernhauses und vor dreißig Jahren von einem Herrn, der Zeltleinwand, Markisenstoffe und Besen verkaufte, renoviert worden. Mein Vater und mein Onkel bezahlten ihm gemeinsam eine Miete von achtzig Francs jährlich (das waren damals vier goldene Zwanzigfrancsstücke), was ihre Frauen übertrieben teuer fanden. Aber das Häuschen sah wie eine Villa aus, und es gab Pumpenwasser, das heißt, der tollkühne Besenfabrikant hatte eine große Zisterne bauen lassen, und das Reservoir an der Rückwand des Hauses war fast so hoch und breit wie das ganze Gebäude. Es genügte, einen kupfernen Hahn über dem Ausguß aufzudrehen, und schon floß frisches, klares Wasser heraus.

Das war ein außerordentlicher Luxus, und erst viel später begriff ich das Wunder dieses Wasserhahns. Vom Dorfbrunnen bis zu den weitentfernten Gipfeln des Etoile erstreckte sich das Land des Durstes. Im Umkreis von etwa zwanzig Kilometern traf man höchstens ein Dutzend Brunnen, von denen die meisten von Mai an ausgetrocknet waren. Dann gab es vielleicht noch drei oder vier ›Quellen‹, wo in der Tiefe kleiner Grotten aus einer Felsenspalte stille Tränen in einen Bart von Moos tropften.

Deshalb betrachtete jede Bäuerin, die zu uns in die Küche kam, um Eier oder Zuckererbsen zu bringen, mit erstauntem Kopfschütteln diesen blinkenden, fortschrittlichen Wasserhahn.

Zu ebener Erde war auch das große Eßzimmer (gut und gern vier Meter breit und fünf Meter lang), großartig mit einem echten Marmorkamin geschmückt. Eine im Bogen geschwungene Treppe führte zu den vier Zimmern im ersten Stock. Mit modernem Raffinement hatte man an den Fenstern dieser Zimmer zwischen Glas und Läden Rahmen angebracht, die man öffnen konnte und deren feines Metallgitter nachts die Insekten abhielt.

Die Beleuchtung bestand aus Petroleumlampen und – für den Notfall – Kerzen. Da wir aber fast alle Mahlzeiten auf der Terrasse unter dem Feigenbaum einnahmen, wurde meistens die Sturmlampe benutzt.

Die wunderbare Sturm- und Gewitterlampe! Eines Abends holte mein Vater sie aus einer großen Pappschachtel, füllte sie mit Petroleum und zündete den Docht an. Mandelförmig züngelte eine schmale Flamme empor, über die er einen gewöhnlichen Glaszylinder stülpte. Darüber kam eine eiförmige, durch ein vernickeltes Gitter gesicherte Kuppel. Das Ganze krönte ein metallener Deckel, der so etwas wie einen Windfang darstellte. In seinem durchlöcherten Rand fing sich die nächtliche Brise, um von der regungslosen Flamme angezogen in ihr zu vergehen. Wenn ich sie hell und ruhig wie eine ewige Lampe an einem Ast des Feigenbaumes brennen sah, vergaß ich darüber meine Käsesuppe und war entschlossen, mein Leben der Wissenschaft zu weihen. Noch heute erleuchtet diese schimmernde Mandel meine Kindheit. Als ich zehn Jahre später den Leuchtturm von Planier besuchte, war ich lange nicht so beeindruckt.

Genauso wie der Leuchtturm von Planier mit seinem Licht Kiebitze und Wachteln anlockt, zog unsere Lampe alle nächtlichen Insekten an. Sobald man die Lampe an ihrem Ast aufhängte, war sie von einem Schwarm fleischiger Schmetterlinge umgeben, deren Schatten auf dem Tischtuch tanzten. Von hoffnungsloser Liebe verbrannt, fielen sie dann gebraten in unsere Teller.

Es gab auch riesige Wespen, ›Cabridans‹ genannt, die wir mit unseren Servietten totschlugen. Dabei warfen wir immer sämtliche Gläser, ein paar Mal auch die Wasserkaraffe um. Hirschkäfer schossen aus der Nacht und ließen bei ihrem Aufprall die Lampe leise erklingen, ehe sie in die Suppenschüssel tauchten. Diese schwarzpolierten Käfer trugen eine gigantische, zweiarmige Zange vor sich her, die an den Seiten reliefartig gerippt war. Dieses wunderbare Werkzeug konnten sie, da es kein Gelenk besaß, zu gar nichts gebrauchen. Aber es eignete sich gut dazu, ein Zaumzeug aus Bindfaden daran zu befestigen, mit dem der gefangene Hirschkäfer mühelos das enorme Gewicht eines Bügeleisens über die Wachstuchdecke zog.

Der ›Garten‹ war ein altes, verwildertes Obstgehege, umgeben von einem Hühnerstallgitter, von dem der Zahn der Zeit das meiste abgenagt hatte. Aber der Name ›Garten‹ rechtfertigte die Bezeichnung ›Villa‹.

Außerdem hatte mein Onkel eine etwas töricht aussehende Bauernmagd zum ›Dienstmädchen‹ erhoben. Sie wusch am Nachmittag das Geschirr und manchmal auch die Wäsche, was ihr wiederum dazu verhalf, saubere Hände zu bekommen. Wir waren also dreifach wieder mit der oberen Klasse verbunden, der Klasse der vornehmen Bürger.

Vor dem Garten lagen spärlich mit Weizen und Gerste bebaute Felder, eingesäumt von tausendjährigen Olivenbäumen.

Hinter dem Haus bildeten die Kiefern dunkle Inseln auf dem weiten Hochland, das sich über Hügel, Täler und Hochebenen bis zur Kette der Sainte-Victoire ausdehnte. Die Bastide Neuve war das letzte Haus vor Beginn der Einöde, und man konnte vierzig Kilometer wandern, ohne etwas anderes als drei oder vier Ruinen mittelalterlicher Bauernhöfe und einige verlassene Schäferhütten anzutreffen.

Von den Spielen des Tages erschöpft, gingen wir früh schlafen: den kleinen Paul mußte man oft ins Bett tragen. Ich erfaßte ihn gerade im richtigen Moment, wenn er schlaff wie eine Stoffpuppe vom Stuhl fiel, einen angebissenen Apfel oder eine halb aufgegessene Banane in der Hand.

Jeden Abend, wenn ich mich niederlegte, beschloß ich, schon halb im Schlaf, in der Morgendämmerung aufzustehen, um keine Minute des wunderbaren nächsten Tages zu verlieren. Aber ich wachte immer erst gegen sieben Uhr auf, wütend und schlechtgelaunt, als ob ich den Zug versäumt hätte.

Wenn ich Paul aufweckte, drehte er sich erst brummend zur Wand. Aber wenn ich dann die hölzernen Läden zurückschlug, und der strahlende Tag durchs Fenster kam, der Gesang der Zikaden erklang und die Düfte der Hochebene das ganze Zimmer erfüllten, konnte er nicht widerstehen.

Unsere Kleider in der Hand liefen wir splitternackt hinunter.

Mein Vater hatte in der Küche am Wasserhahn einen langen Gummischlauch angebracht. Man zog ihn durchs Fenster, und sein kupfernes Mundstück reichte bis auf die Terrasse.

Erst bespritzte ich Paul, dann überschwemmte er mich. Durch diesen genialen Einfall meines Vaters war aus der verhaßten ›Toilette‹ ein Spiel geworden. Es dauerte so lange, bis meine Mutter aus dem Küchenfenster rief: »Genug! Wenn die Zisterne leer ist, müssen wir abreisen!« Nach dieser schrecklichen Drohung drehte sie unwiderruflich das Wasser ab.

Schnell verzehrten wir unsere Butterbrote, tranken den Milchkaffee, und das große Abenteuer begann.

Es war verboten, den Garten zu verlassen, aber man überwachte uns nicht. Meine Mutter hielt den Zaun für unübersteigbar, und meine Tante war die Sklavin unseres kleinen Vetters Pierre, mein Vater ging oft ins Dorf zum Einkaufen oder er botanisierte in den Hügeln, und Onkel Jules verbrachte jede Woche drei Tage in der Stadt, denn er bekam nur zwanzig Tage Ferien, und die hatte er auf zwei Monate verteilt.

So waren wir meistenteils uns selbst überlassen. Mit dem Messer in der Hand und mit gespitzten Ohren stiegen wir manchmal bis zu den ersten Kiefern hinauf. Aber diese Entdeckungsfahrten endeten oft mit wilder Flucht nach Hause, wenn wir unvermutet einer Riesenschlange, einem Löwen oder einem Höhlenbären begegneten.

Unser erstes Spiel war die Jagd auf Grillen, die singend den Saft aus den Mandelbäumen sogen. Die ersten entwischten uns, aber bald waren wir so geschickt, daß wir in großer Musikbegleitung heimkamen, denn wir brachten Dutzende von Grillen mit, die in unseren hüpfenden Hosentaschen weiter zirpten. Dann folgte der Schmetterlingsfang, Sphinxe mit zwei Schwänzen und großen weißen, blaugeränderten Flügeln, die einen silbrigen Staub auf der Hand zurückließen.

Einige Tage lang warfen wir den Löwen Christen vor, das heißt, wir schleuderten eine Handvoll kleiner Heuschrecken in das diamanten glitzernde Netz der schwarzsamtenen, gelbgestreiften Kreuzspinnen. In Sekundenschnelle umwickelten sie die Heuschrecken mit Seide, dann bohrten sie zartfühlend ein Loch in den Kopf des Opfers, den sie als genießerische Feinschmecker langsam aussaugten. Diese kindlichen Spiele unterbrachen wir nur, um uns mit Mandelgummi vollzustopfen. Onkel Jules warnte nachdrücklich vor diesem honigähnlichen, zuckersüßen Zeug, und behauptete, es würde uns noch die Därme zukleben.

Mein Vater, immer um den Fortschritt unseres Wissens besorgt, riet von all diesen nutzlosen Spielereien ab. Er empfahl uns, die Lebensgewohnheiten der Insekten genau zu beobachten und mit den Ameisen anzufangen, in denen er ›ein Musterbeispiel des guten Bürgers‹ erblickte.

Darum rissen wir am nächsten Morgen vor dem Haupteingang eines prächtigen Ameisenhaufens umsichtig Baouko und

Farnkräuter aus. Als der Platz im Umkreis von etwa zwei Metern schön sauber war, gelang es mir, während meine Mutter und meine Tante hinter dem Haus Mandeln pflückten –, unbemerkt in die Küche zu schlüpfen. Dort entwendete ich eine Flasche Petroleum und einige Zündhölzer.

Die nichtsahnenden Ameisen kamen und gingen in doppelten Reihen wie Hafenarbeiter auf einer Schiffsbrücke.

Erst vergewisserte ich mich, daß uns niemand sehen konnte, dann goß ich das Petroleum langsam in die Öffnung des Haupteingangs. Die Spitze der Ameisenkolonne geriet in fürchterliche Unordnung. Aus dem Innern des Baues eilten weitere Dutzende von Ameisen herbei, liefen ziellos umher, und die mit den großen Köpfen öffneten und schlossen ihre starken Kiefer, als suchten sie den unsichtbaren Feind. Jetzt schob ich einen Fidibus aus Papier in das Loch und Paul zündete ihn an, was er sehr geschickt machte. Eine rote, rauchende Flamme schoß hervor, und wir begannen unsere Studien.

Leider erwiesen die Ameisen sich als viel zu leicht brennbar. Augenblicklich von der Hitze verzehrt, verschwanden sie im Funkenregen. Dieses kleine Feuerwerk war recht unterhaltsam, aber viel zu kurz. Außerdem warteten wir nach der Vernichtung der externen Truppen vergeblich auf das Erscheinen der mächtigen, unterirdischen Legionen, besonders auf die rauchende Explosion der Königin, mit der ich stark gerechnet hatte. Aber keine Ameise zeigte sich mehr. Vor unseren Augen blieb nur ein kleiner, vom Feuer geschwärzter Trichter übrig, trostlos und einsam wie der Krater eines erloschenen Vulkans.

Indessen trösteten wir uns schnell über diesen Mißerfolg, als wir drei große ›Pregadious‹, Gottesanbeterinnen, erbeuteten, die auf den grünen Zweigen des Eisenkrautstrauches spazierten, und hervorragende Objekte für wissenschaftliche Beobachtungen waren.

Papa hatte uns nicht ohne eine gewisse freigeistige Genugtuung erzählt, daß die Gottesanbeterin eine grausame und mitleidlose Bestie sei, daß man sie als den Tiger unter den Insekten bezeichne und das Studium ihrer Gewohnheiten zum Interessantesten gehöre.

Also beschloß ich, sie zu studieren, das heißt: um einen Kampf zwischen den beiden stärksten Exemplaren zu entfesseln, stellte ich sie einander mit vorgestreckten Zangen gegenüber.

Wir konnten unsere Studien bald durch die Feststellung erweitern, daß diese Tiere erst ohne Zangen weiterlebten, dann ohne Füße und schließlich sogar noch mit halbem Kopf. Nach einer Viertelstunde dieser so entzückend kindlichen Belustigung bestand einer der Kämpfer nur noch aus Oberkörper, der, nachdem er Kopf und Rumpf des Gegners verschlungen hatte, ohne sich zu beeilen, die zweite Hälfte des Feindes angriff, die sich immer noch mit leichter Nervosität bewegte. Paul, der ein gutes Herz hatte, stahl die Tube mit Alleskleber (klebt sogar Eisen) um die beiden Hälften zu einem Ganzen zusammenzuleimen, dem wir dann großzügig die Freiheit schenken wollten. Diese edle Absicht wurde vereitelt, da es dem Bruststück gelang, die Flucht zu ergreifen.

Aber es blieb uns, in einem Glas gefangen, der dritte Tiger. Ich beschloß, ihn den Ameisen auszuliefern und infolge dieser glücklichen Eingebung genossen wir ein ganz reizendes Schauspiel.

Ich stülpte das Gefäß plötzlich um, so daß es mit seiner Öffnung direkt auf dem Haupteingang eines fieberhaft arbeitenden Ameisenhaufens stand. Der Tiger, der länger war als das Glas breit, saß aufrecht auf seinen Hinterfüßen. Sein zapfenförmiger Kopf erlaubte ihm, sich mit der Neugier eines Touristen nach allen Seiten umzusehen. Unterdessen kam eine Schar von Ameisen aus dem Tunnel und machte einen solchen Sturmangriff auf seine Beine, daß er die Ruhe verlor und zu tanzen anfing. Gleichzeitig schnappten seine Fangscheren nach rechts und links, wobei sie jedesmal eine Traube von Ameisen ergriffen, die er seinen Kiefern zuführte, aus denen sie, in zwei Hälften zerschnitten, herausfielen. Da das dicke Glas die Schönheit des Schauspiels beeinträchtigte und die unbequeme Stellung des Tigers seine Bewegungen hinderte, hielt ich es für meine Pflicht, das Gefäß zu entfernen. Die Gottesanbeterin fiel in ihre natürliche Lage zurück, mit angezogenen Fühlern und allen sechs Füßen auf dem Boden. Aber am Ende jedes Fußes hingen mit erstarrten Kiefern unerbittlich je vier Ameisen, die sich im Kies anklammerten. So von diesen Liliputanern überwältigt, konnte der Tiger sich ebensowenig bewegen wie Guliver.

Der Pregadiou griff mit seinen freigebliebenen Fängen immer wieder diese Festungen an und vernichtete ihre Besatzung. Aber noch ehe die in Stücke geschnittenen Ameisen aus seinen Zangen purzelten, hatten schon wieder andere ihren Platz eingenommen, und alles fing von neuem an.

Ich fragte mich, wie diese Situation – die bereits den Anschein eines Dauerzustandes hatte – sich wohl weiter entwickeln würde, als ich bemerkte, daß die Bewegungen seiner Fangzangen langsamer und seltener wurden. Ich schloß daraus, daß der Tiger infolge seiner wirkungslosen Taktik den Mut verlor und sie nun sicher ändern würde. Tatsächlich hörten seine Seitenangriffe nach wenigen Minuten ganz auf.

Sofort ließen die Ameisen von seinem Nacken, seinem Rumpf und seinem Rücken ab. Er blieb regungslos mit gefalteten Zangen sitzen, den Oberkörper beinahe aufrecht auf seinen sechs Beinen, die noch leise zitterten.

Paul sagte: »Er denkt nach.«

Seine Reflexionen schienen mir etwas lange zu dauern, und das Verschwinden der Ameisen machte mich stutzig. Also legte ich mich flach auf den Bauch; und da entdeckte ich die ganze Tragödie.

Unter dem dreiteiligen Schwanz des nachdenklichen Tigers hatten die Ameisen die natürliche Öffnung vergrößert, eine Reihe marschierte hinein, eine andere kam heraus, wie am Eingang eines großen Warenhauses vor Weihnachten. Jede war schwer beladen, und so räumten die fleißigen Hausfrauen das Innere der Gottesanbeterin aus.

Der unglückliche Tiger, noch immer reglos und beinahe in sich gekehrt, schien aufmerksam zu beobachten, was in seinem Innern vorging. Mangels Mimik und Sprachvermögen konnte er seiner Marter und Verzweiflung keinen Ausdruck geben, und sein Todeskampf blieb ungestaltet. Wir bemerkten erst, daß er tot war, als die Ameisen die Spitzen seiner Füße losließen und anfingen, die dünne Hülle, die seinen Körper umgeben hatte, zu zerstückeln. Sie sägten den Hals entzwei, schnitten den Rumpf in regelmäßige Scheiben, zerlegten die Füße und lösten elegant wie ein Küchenchef bei einem Hummer die schrecklichen Zangen aus den Gelenken. Dann wurde alles unter die Erde gebracht und im Innern irgendeiner Vorratskammer wohlgeordnet verstaut. Nur die schönen grünen Flügel, die ihn so stolz durch die Dschungel der Gräser getragen und Feind und Beute mit Schrecken erfüllt hatten, blieben auf dem Kies zurück. Von den Ameisen-Hausfrauen verachtet, gestanden sie traurig, daß sie nicht eßbar waren.

So endeten unsere Studien der Gebräuche der Gottesanbeterin und der Tüchtigkeit der fleißigen Ameisen.

»Das arme Tier«, sagte Paul, »es muß furchtbares Bauchweh gehabt haben.«

»Das geschieht ihm ganz recht«, sagte ich. »Es frißt die Heuschrecken und Grillen bei lebendigem Leibe und sogar die

Schmetterlinge. Papa hat es dir erzählt, es ist ein Tiger. Und das Bauchweh von Tigern – darauf pfeife ich!«

Gerade, als unsere entomologischen Studien anfingen uns zu langweilen, entdeckten wir unsere eigentliche Berufung.

Nach dem Mittagessen, wenn die afrikanische Sonne wie ein Feuerregen auf das sterbende Gras fiel, zwang man uns, eine Stunde ›auszuruhen‹. Im Schatten des Feigenbaums lagen wir auf den sogenannten ›transatlantischen Liegestühlen‹. Sie waren umständlich aufzumachen, klemmten einem grausam die Finger und hatten die unangenehme Eigenschaft, unter dem verdutzten Schläfer plötzlich zusammenzubrechen.

Diese Ruhestunde war uns eine Qual, und mein Vater verzukkerte als großer Pädagoge die bittere Pille und gab uns Fenimore Cooper und Gustave Aymard zu lesen.

Der kleine Paul hörte mit großen Augen und offenem Mund zu, wenn ich ihm ›Den letzten Mohikaner‹ vorlas. Es war eine Offenbarung für uns, und erst recht der ›Pfadfinder‹. Wir verwandelten uns in Indianer, Söhne der Wildnis, Bisonjäger, Erleger von Grizzlybären, Würger von Riesenschlangen, und Skalpierer von Bleichgesichtern.

Meine Mutter war bereit, ohne daß sie wußte zu welchem Zweck, ein altes Tischtuch und eine durchlöcherte Decke zusammenzunähen, und damit bauten wir im verwildertsten Teil des Gartens unser Wigwam auf.

Ich besaß einen echten Bogen, der über den Trödlerladen direkt aus der Neuen Welt zu uns gekommen war. Die Pfeile fabrizierte ich aus Schilfrohr und schoß sie aus sicherem Versteck im Gebüsch wild auf die Tür des Klosetts, das wie ein Schilderhäuschen am Ende des Gartenwegs stand. Dann stahl ich das ›spitze‹ Messer aus der Küchenschublade, faßte es nach Komantschen-Art zwischen Daumen und Zeigefinger an der Klinge und schleuderte es mit aller Kraft gegen den Stamm einer Kiefer ... Paul pfiff durchdringend dazu, was die Gefährlichkeit dieser Waffenhandlung unterstrich.

Aber wir begriffen bald, daß der Krieg das einzige wirklich interessante Spiel ist, und daß wir keinesfalls demselben Stamme angehören konnten.

Ich blieb also Komantsche, und Paul wurde Bleichgesicht, was mir erlaubte, ihn täglich mehrmals zu skalpieren. Zur Vergeltung tötete er mich allabendlich mit einem Tomahawk aus Pappe.

Federschmuck, von meiner Mutter und meiner Tante angefertigt, und eine Kriegsbemalung aus Leim, Marmelade und farbiger Kreide trugen dazu bei, diesem Indianerleben eine geradezu bedrückende Echtheit zu verleihen.

Manchmal begruben die beiden feindlichen Stämme das Kriegsbeil und vereinten sich zum Kampf gegen die weißen Männer, die nichtswürdigen Yankees aus dem Norden. Wir verfolgten eingebildete Fußspuren, schlichen gebückt durchs hohe Gras und beobachteten den Wind; mit wildem Blick untersuchte ich einen Wollfaden, der an der goldenen Zitternadel eines Fenchelblattes hing. Wenn der Weg sich teilte, trennten wir uns schweigend... Um die Verbindung aufrechtzuhalten, ›ahmte ich den Schrei des Spottvogels so vollkommen nach, daß das Weibchen sich täuschen ließ‹. Paul antwortete ›mit dem Bellen des Coyotenhundes‹, ebenfalls ganz echt; aber in Ermangelung eines Coyoten bellte er wie der Metzgerhund, ein heimtückischer Köter, der manchmal nach unseren Hosenböden schnappte.

Ein andermal wurden wir von einer Trapperschar verfolgt, die ›das lange Gewehr‹ befehligte. Um den Feind irrezuführen, marschierten wir eine Weile rückwärts und ließen Fußspuren in entgegengesetzter Richtung zurück.

Dann, mitten in einer Lichtung, hielt ich Paul mit einer Handbewegung an, und in der großen Stille preßte ich mein Ohr auf die Erde. Ich lauschte mit wirklicher Unruhe auf das Nahen unserer Verfolger, denn aus der Tiefe der fernen Savanne hörte ich das Klopfen – meines Herzens.

Wenn wir nach Hause kamen, wurde das Spiel fortgesetzt.

Der Tisch war unter dem Feigenbaum gedeckt. Auf dem Sofa las mein Vater die eine Hälfte der Zeitung, Onkel Jules die andere.

Wir benahmen uns ernst und würdig, wie es den Häuptlingen eines großen Stamms zukommt, und ich sagte:

»Hugh!«

Mein Vater antwortete:

»Hugh!«

»Wollen die großen, weißen Häuptlinge ihre roten Brüder im steinernen Wigwam empfangen?«

»Die roten Brüder sind uns willkommen«, sagte mein Vater.

»Ihr Weg muß beschwerlich gewesen sein, denn ihre Füße sind voller Staub.«

»Wir kommen vom ›Verlorenen Fluß‹ und sind seit drei Monden unterwegs.«

»Alle Kinder des großen Manitu sind Brüder! Gern wollen wir unser bescheidenes Mahl mit den Häuptlingen teilen. Wir bitten sie nur, die geheiligten Bräuche der Weißen zu achten: sie mögen gehen und sich erst einmal die Hände waschen.«

Am Abend bei Tisch, unter der von Mücken umschwärmten Sturmlampe, ließ ich meine schwergewordenen Beine baumeln und lauschte im Angesicht meiner schönen Mutter den Gesprächen dieser weisen alten Männer.

Sie sprachen meistens über Politik. Mein Onkel zog ziemlich unfreundliche Vergleiche zwischen Monsieur Fallières, dem Präsidenten der Republik, und Ludwig XIV. Mein Vater antwortete mit der Beschreibung eines Kardinals, der krumm wie ein Fragezeichen geworden war, weil der König ihn in einen eisernen Käfig gesperrt hatte. Dann sprachen sie von einem gewissen Lagabèle, der das Volk ruinierte.

Ein andermal griff mein Onkel Leute an, die sich ›die Radikalen‹ nannten. Es war von einem radikalen Monsieur Comble die Rede, der sich schwer durchschauen ließ. Mein Vater behauptete, er sei ein bedeutender und ehrenhafter Mann, während der Onkel ihn als ›raffinierte Kanaille‹ bezeichnete und sich erbot, diese Meinung schriftlich niederzulegen. Er fügte hinzu, dieser Comble sei das Haupt einer Bande von Übeltätern, die sich ›die Freimaurer‹ nannten.

Darauf lenkte mein Vater das Gespräch umgehend auf eine andere Bande, die ›Jesuiten‹ hießen. Das seien entsetzliche ›Heuchler‹, die dem Volk mit ihrer Wühlarbeit den Boden unter den Füßen wegzögen. Nunmehr erhitzte sich Onkel Jules und forderte meinen Vater auf, die ›vielen Milliarden Francs der Kongregationen‹ zurückzuzahlen. Aber mein Vater, der sonst nicht am Geld hing, rief energisch: »Niemals! Niemals wird man so viele Reichtümer zurückgeben, die von eingeschüchterten Sterbenden noch auf dem Totenbett erpreßt wurden.«

In diesem Moment kamen meine Mutter und meine Tante mit Fragen nach der Reblaus in den Weinbergen von Roussillon oder bezüglich der Ernennung eines Lehrers für die Oberschule, und die Unterhaltung wechselte sofort den Ton.

Übrigens: das, was sie sagten, interessierte mich nicht.

Worauf ich lauerte, das waren die Worte: ich hatte eine Leidenschaft für Worte, und wie andere Leute Briefmarken sammeln, sammelte ich heimlich Worte in einem kleinen Heft.

Ich war verliebt in: *Granate*, *Rauch*, *filzig*, *wurmstichig* und vor allem: *Handkurbel;* es machte mir soviel Vergnügen, diese Worte zu hören, daß ich sie mir oft wiederholte, wenn ich allein war.

Gebrauchte der Onkel manchmal ganz neue Ausdrücke, die köstlich waren wie: *hellseiden*, *durchscheinend*, *filigran* oder grandios wie: *erzbischöflich* und *bevollmächtigt*, und tauchte auf seinem Redefluß eines dieser Schiffe mit drei Kommandobrücken auf, dann hob ich die Hand und bat um eine Erklärung, die er mir nie verweigerte. Da verstand ich zum erstenmal, daß Worte von edlem Klang immer ein schönes Bild enthalten.

Mein Vater und mein Onkel unterstützten diese Liebhaberei, die ihnen von guter Vorbedeutung schien, so daß sie mich eines Tages – ohne daß es in der Unterhaltung vorgekommen wäre – mit *antikonstitutionell* beschenkten, und mir offenbarten, das sei das längste Wort der französischen Sprache. Man mußte es mir auf einer alten Krämerrechnung aufschreiben, die ich noch in der Tasche hatte.

Mit großer Mühe schrieb ich es in mein Schulheft ab, und jeden Abend im Bett las ich es mir laut vor. Erst nach einigen Tagen konnte ich das Monstrum meistern und nahm mir vor, es anzuwenden, wenn ich durch Zufall eines Tages – am Ende aller Zeiten – wieder gezwungen sein würde, in die Schule zu gehen.

Ungefähr um den zehnten August wurden die Ferien einen ganzen Nachmittag lang von einem Gewitter unterbrochen, was – wie zu befürchten – eine Diktatstunde herbeiführte.

Onkel Jules saß auf einem Stuhl neben der Glastür und las die Zeitung. Paul – in einer Ecke zusammengekauert – spielte ganz allein Domino, das heißt, nach mancherlei Kopfzerbrechen und Selbstgesprächen setzte er die Steine zusammen, wie sie gerade kamen. Meine Mutter nähte am Fenster, mein Vater saß am Tisch, schärfte sein Federmesser auf einem schwarzen Stein und las eine unverständliche Geschichte vor. Manche Stellen wiederholte er zwei- oder dreimal.

Es war eine Moralpredigt von Lamennais, die das Abenteuer einer Weintraube schilderte.

Der Familienvater pflückte diese Weintraube in seinem Weinberg, aber er aß sie nicht: er brachte sie ins Haus, um sie der Mutter anzubieten. Diese war sehr gerührt und schenkte sie heimlich ihrem Sohn, der sie, ohne jemandem etwas davon zu sagen, seiner Schwester gab. Aber auch sie rührte die Weintraube nicht an; sie wartete nur auf die Rückkehr des Vaters, der, als er die Traube auf seinem Teller wiederfand, die ganze Familie in die Arme schloß und die Augen zum Himmel aufschlug.

Hier endete das Gleichnis von der Weintraube, und ich fragte mich, wer sie wohl schließlich aufgegessen hatte, als Onkel Jules seine Zeitung zusammenfaltete und mit ernster Stimme sagte:

»Das ist eine Geschichte, die du auswendig lernen müßtest.«

Ich war entrüstet über diesen unvermuteten Angriff und die Zumutung einer zusätzlichen Aufgabe und fragte:

»Warum?«

»Sag' mal, haben denn die Gefühle dieser schlichten Bauern dich nicht gerührt?«

Durch das Fenster sah ich den Regen strömen, der die Äste des Feigenbaumes schwarz lackierte, und nagte an meinem Federhalter.

Er drang weiter in mich:

»Warum, glaubst du, hat diese Weintraube in der ganzen Familie die Runde gemacht?«

Er sah mich an, und seine Augen strahlten vor Güte. Ich wollte ihm gern eine Freude machen und konzentrierte meine ganze Aufmerksamkeit auf dieses Problem, als ich blitzartig die Wahrheit erkannte:

»Weil sie mit Schwefel gespritzt war!«

Der Onkel sah mich starr an, knirschte mit den Zähnen und wurde rot vor Zorn. Er wollte sprechen, aber die Empörung verschlug ihm den Atem. Er stieß hintereinander mehrere gutturale Laute aus, war aber außerstande, ihnen einen sinnreichen Ausdruck zu verleihen. So hob er die Arme zum Himmel und sein Gesäß vom Stuhl und rief endlich in leidenschaftlicher Erregung:

»Schrrecklich! Schrrecklich! Schrrecklich!«

Diese drei Ausrufe ebneten den Weg, und er konnte endlich weitersprechen:

»Da habt ihr das Resultat einer Erziehung ohne Gott! Die grandiosen Wirkungen der Liebe verwechselt er mit Furcht vor Schwefel und Grünspan! Dieses Kind, das doch kein Monstrum ist, gibt ganz naiv eine monströse Antwort! Daran können Sie die Größe Ihrer ungeheuren Verantwortung ermessen, mein lieber Joseph!«

»Aber ich bitte Sie, mein lieber Jules«, rief meine Mutter, »das hat er doch nur zum Spaß gesagt!«

»Zum Spaß!« schrie der Onkel, »das wäre ja noch schlimmer! Ich ziehe es vor, zu glauben, daß er den Sinn meiner Frage nicht verstanden hat.«

Er wandte sich wieder an mich.

»Hör mir gut zu: Wenn du eine wundervolle Weintraube fändest, ganz besonders schön und groß – würdest du sie nicht deiner Mutter bringen?«

»Oh ja«, antwortete ich mit ehrlicher Überzeugung.

»Bravo«, sagte der Onkel, »diese Antwort kommt von Herzen!«

Und zu meinem Vater:

»Ich bin glücklich, festzustellen, daß er trotz des grauenhaften Materialismus, den Sie ihn lehren, in seinem Herzen das Gesetz Gottes entdeckt hat und die Traube für seine Mutter aufbewahren würde . . .«

Ich sah, daß er triumphierte, und kam meinem Vater schnell zu Hilfe:

»Aber die Hälfte würde ich unterwegs aufessen!«

Der Onkel wollte unzufrieden das Wort ergreifen, als mein Vater energisch einfiel:

»Und er hat recht! Wenn diese Leute so schöne Gefühle hätten, müßten sie einander auch das Salatherz, die Hühnerbrust und die Kaninchenleber überlassen. Und da die vollkommene Tugend notgedrungen unerschütterlich ist, würde dieser Kreislauf guter Bissen ein Leben lang dauern. Da die Unglücklichen nichtsdestoweniger gezwungen wären, sich zu ernähren, würden sie sich unterdessen um den Kopf der Ente, den Knochen des Koteletts und den Kohlstrunk streiten. Dank Marcel begreife ich jetzt, daß diese Geschichte vollkommener Blödsinn ist. In Wahrheit war euer Lamennais ein Heuchler, der wie alle Pfarrer zur Erbauung seiner Getreuen auf seine törichten Geschichten verfiel.«

Diesen Frontalangriff wollte der Onkel mit gesträubtem Schnurrbart ebenso scharf erwidern, als Tante Rose aus der Küche kam, wo sie ein Kaninchenragout zubereitete, denn sie hatte wohl bemerkt, daß der Ausbruch des Streites unmittelbar bevorstand. In der einen Hand schwenkte sie einen Salatkorb, in der anderen hielt sie eine schwarze Wachstuchkapuze. Fröhlich rief sie:

»Jules, es regnet kaum mehr! Such schnell noch ein paar Schnecken!«

Ohne ihm zu einer Antwort Zeit zu lassen, gab sie ihm den Gitterkorb, zog ihm die Kapuze bis zur Nase und erstickte die Unterhaltung wie mit einem Löschhütchen. So eingehüllt, war es schwer, eine Rede zu schwingen. Trotzdem versuchte der Onkel es mit einigen rollenden R's:

»Wirrklich sehrr trraurig, zu schrrecklich, das arrme Kind...«

Aber meine Tante drehte ihn lachend um sich selbst und schob ihn hinaus in den strömenden Regen. Dann schloß sie die Tür und sandte ihm durch das Glas eine Kußhand nach, deren Zärtlichkeit unmißverständlich war. Nun wandte sie sich zu uns und sagte plötzlich verärgert:

»Joseph, damit hättest du nicht anfangen dürfen.«

Onkel Jules, der den Regen liebte, kam erst nach einer Stunde vollkommen durchnäßt, aber vergnügt zurück.

Ein langer Schleimbart hing unter dem Salatkorb, der Onkel hatte Schnecken bis auf die Schultern, und der enorme Häuptling des Stammes versuchte mit vorgestreckten Hörnern vergeblich, sich auf der schwarzen Wachstuchkapuze zurechtzufinden.

Mein Vater spielte Flöte, meine Mutter hörte ihm zu und säumte Servietten; die kleine Schwester schlief mit dem Kopf auf den Ärmchen, und ich spielte Domino mit Paul. Der Onkel wurde mit Glückwünschen überschüttet, und von Lamennais war nicht mehr die Rede.

Aber beim Abendessen rächte er sich grausam.

Meine Mutter stellte das nach vielen Kräutern köstlich duftende Kaninchenragout auf den Tisch. Für gewöhnlich bekam ich – zur Belohnung für meinen Fleiß bei den Schulaufgaben – die Leber, und in der herrlich sämigen Sauce suchte ich sie zu erspähen.

Aber Onkel Jules sah sie früher als ich und spießte sie auf seine Gabel. Er hielt sie unter das Lampenlicht, untersuchte sie, beroch sie und sagte:

»Diese Leber ist herrlich gebraten. Sie ist gut und scheint zart und fett zu sein, wirklich ein ausgesuchter Bissen. Daher würde ich es mir zur Pflicht machen, sie jemandem anzubieten, wenn es an diesem Tisch nicht gewisse Leute gäbe, die sie für vergiftet halten könnten.«

Worauf er in sarkastisches Lachen ausbrach und vor meinen Augen die Leber verspeiste.

Gegen den fünfzehnten August wurde es offenbar, daß große Ereignisse sich vorbereiteten.

Eines Nachmittags, als ich auf einem kleinen Rasenhügel den Marterpfahl herrichtete, kam Paul angerannt, um mir eine ganz unglaubwürdige Neuigkeit mitzuteilen:

»Onkel Jules kocht!«

Ich war so überrascht, daß ich mein Unternehmen sofort im Stich ließ, um die mysteriöse Tätigkeit von Onkel Jules als Koch aufzuklären.

Er stand vor dem Herd und überwachte eine Bratpfanne, in der dicke, goldgelbe Plätzchen zischend in kochendem Fett bruzzelten. Ein schauderhafter Geruch erfüllte die Küche, und ich beschloß augenblicklich, von diesem Zeug nichts zu essen.

»Onkel Jules, was ist denn das?«

»Du wirst es heute abend erfahren«, sagte er.

Er faßte den Pfannenstiel und schwenkte die Pfanne mit einem kurzen Ruck, als ob er Kastanien springen lassen wollte.

»Essen wir sie heute abend?«

»Nein«, lachte der Onkel, »die essen wir bestimmt nicht, weder heute noch an irgendeinem anderen Abend.«

»Und warum kochst du sie dann?«

»Damit die kleinen Buben etwas zu fragen haben. Jetzt geht und spielt draußen weiter. Denn wenn ihr Spritzer von kochendem Fett ins Gesicht bekommt, wird es für den Rest eures Lebens aussehen wie ein Sieb. Also macht, daß ihr fortkommt!«

Als wir draußen waren, sagte Paul:

»Vom Kochen hat er keine Ahnung!«

»Ich glaube nicht, daß er etwas zum Essen kocht. Ich glaube, es ist ein Geheimnis. Ich werde Papa fragen.«

Aber Papa war nicht da, er machte mit seiner Frau einen Ausflug. Ohne uns – ein schmählicher Verrat!

Also hieß es bis zum Abend warten.

Den Nachmittag widmete ich der Dichtkunst. Ich komponierte das wundervolle Todeslied eines Komantschenhäuptlings (Worte und Musik)

Adieu Prärie,
Der Pfeil traf mich hie.
Mein rächender Arm ist erschlafft.
Doch unter dem Schmerz
Bleibt tapfer mein Herz,
Ein hehres Vorbild an Kraft.
Feiges Bleichgesicht!
Du bezwingst mich nicht,
Ich spotte deiner Tücke,
Denn deine Rache,
Über die ich lache,
Ist soviel wie der Stich einer Mücke.

Noch sieben oder acht ähnliche Strophen folgten. Ich ging in mein Zimmer und memorierte sie laut in der Stille und Einsamkeit.

Dann beschäftigte ich mich mit Pauls Kriegsbemalung und auch mit meiner eigenen. Schließlich ging ich, mit prächtigem Federschmuck gekrönt, die Hände auf dem Rücken gefesselt, zum Marterpfahl, an den Paul mich festband. Er stieß ein rauhes Geschrei aus, das indianische Verwünschungen ausdrückte, und tanzte grausam frohlockend um mich herum, während ich das Todeslied anstimmte.

Ich sang es mit solcher Überzeugung, mein ›höhnisches Lachen‹ gelang mir so gut, daß sich mein Henker, der etwas unruhig wurde, vorsichtig von mir entfernte.

Aber mein Triumph brach in der letzten Strophe durch:

Lebt wohl meine Brüder!
Ich seh euch nie wieder.
Leb wohl du mein Pferd und mein Zelt!
Um Trost meiner Mutter zu geben,
Berichtet ihr, daß soeben
Ihr Sohn verschied als ein Held.

Ich tremolierte so verzweifelt, daß es mich selbst erschütterte und die Tränen mir übers Gesicht liefen. Nun ließ ich mein Kinn auf die Brust sinken, schloß die Augen und starb.

Ich hörte ein herzzerreißendes Schluchzen und sah Paul davonlaufen. Er heulte laut:

»Er ist tot! Er ist tot!«

Mein Vater kam, um mich zu befreien, und ich sah wohl, daß er die größte Lust hatte, meine eingebildete Marter mit einer realen Ohrfeige zu ergänzen. Aber ich war stolz auf meinen Erfolg als Komödiant und nahm mir vor, die Darbietung nach dem Abendessen zu wiederholen. Um mir in der Küche die Hände zu waschen, ging ich durchs Eßzimmer. Dort wartete eine herrliche Überraschung auf mich.

Papa und Onkel Jules hatten den Eßtisch in seiner ganzen Länge ausgezogen und mit einem groben Sackleinen bedeckt. Auf der großen Tischfläche waren die köstlichsten Sachen ausgebreitet. Da gab es zunächst mehrere Reihen Patronenhülsen, und jede Reihe hatte eine andere Farbe: Rot, Gelb, Blau, Grün.

Dann graue Leinensäckchen, nur faustgroß, aber schwer wie Steine. Jedes hatte eine große, schwarze Nummer: 2, 4, 5, 7, 9, 10.

Ferner stand da so etwas wie eine kleine Waage mit nur einer Schale, und an den Tisch war ein seltsamer Kupferapparat geschraubt, der eine Kurbel mit einem hölzernen Knopf als Griff hatte. Und schließlich thronte in der Mitte die Schüssel mit dem Gericht, das Onkel Jules gekocht hatte.

»Hier könnt ihr jetzt sehen, was ich heute morgen gekocht habe«, sagte er. »Das ist eine fette Ladung!«

»Was willst du damit machen?« fragte Paul.

»Patronen füllen«, sagte mein Vater.

»Wirst du denn auf die Jagd gehen?« fragte ich.

»Jawohl!«

»Mit Onkel Jules?«

»Jawohl!«

»Hast du denn ein Gewehr?«

»Jawohl!«

»Und wo ist es?«

»Das wirst du gleich sehen! Jetzt wasch dir erstmal die Hände – die Suppe ist aufgetragen!«

Während des Essens unter dem Feigenbaum war eine leidenschaftliche Unterhaltung im Gang.

Mein Vater, Kind der Städte und Gefangener der Schule, hatte noch nie ein Tier getötet. Aber Onkel Jules hatte seit seiner Kinderzeit gejagt, und er machte kein Geheimnis daraus.

Von der Suppe an war von nichts anderem mehr die Rede.

»Was glauben Sie, werden wir in den Hügeln finden?« fragte mein Vater.

»Ich habe mich im Dorf erkundigt«, sagte der Onkel.

»Man hat Ihnen bestimmt falsche Auskünfte gegeben«, entgegnete mein Vater. »Die Bauern sind eifersüchtig auf ihr Wild.«

Der Onkel lächelte schlau.

»Natürlich!« sagte er. »Aber ich habe ihnen nicht verraten, daß wir jagen wollen! Ich habe nur gefragt, was für Wild sie uns verkaufen könnten!«

»Das ist aber hinterlistig!« sagte mein Vater.

Ich bewunderte diesen Scharfsinn, aber er schien mir mit unseren Prinzipien unvereinbar.

»Und was haben sie Ihnen angeboten?«

»Zuerst nur kleine Vögel.«

»Ganz kleine?« fragte meine Mutter enttäuscht.

»Nun ja«, sagte der Onkel. »Diese Barbaren töten alles, was herumfliegt.«

»Doch keine Schmetterlinge?« sagte Paul.

»Nein, die Schmetterlinge, die sind den kleinen Buben vorbehalten.

»Aber sie töten sogar Grasmücken!«

»Das Land ist unfruchtbar hier«, sagte mein Vater. »Was kann man ohne Wasser schon ernten? Im allgemeinen sind sie wirklich sehr arm, und die Jagd gibt ihnen zu leben. Die großen Vögel verkaufen sie, und die kleinen essen sie!«

»Am Spieß, zum Beispiel Feigenfresser«, sagte der Onkel.

»Auf jeden Fall verbiete ich dir strengstens, Kanarienvögel zu töten!« rief die Tante.

»Weder Kanarienvögel noch Papageien, das kann ich dir schwören ... Aber Weißschwänze und Fettammern ...«

»Fettammern schmecken köstlich«, sagte die Tante.

»Und Krammetsvögel?« fragte der Onkel augenzwinkernd.

»Oh ja!« sagte meine Mutter. »Joseph kann sie am Spieß braten. Letztes Jahr zu Weihnachten haben wir welche gegessen.«

»Wenn ich einen Krammetsvogel kriege, esse ich ihn ganz und gar auf«, sagte Paul begeistert, »nur den Schnabel nicht.«

»Und dann glaube ich, daß wir mit Kaninchen rechnen können«, sagte der Onkel.

»Oh ja!« sagte ich. »Die gibt es sogar in der Nähe des Hauses. Neben dem großen Mandelbaum haben sie ihr Klosett. Es ist ganz voll Mist.«

»Keine solchen Worte bei Tisch«, sagte meine Mutter streng.

»Und dann«, fuhr der Onkel fort, »stöbern wir sicher Rebhühner auf. Wenn wir Glück haben, sogar rote Rebhühner.«

»Ganz rote?« fragte Paul.

»Nein, kastanienbraune, mit schwarzem Hals, roten Ständern und schönen, roten Federn an den Flügeln und am Schwanz.«

»Das gibt einen Indianerkopfschmuck!«

»Außerdem«, sagte der Onkel, »hat man von Hasen gesprochen.«

»François versicherte mir doch, daß es hier keine gibt«, sagte mein Vater.

»Bieten Sie ihm nur sechs Francs für das Stück, und Sie werden sehen, wie viele Hasen er bringt. Er verkauft sie für fünf Francs im Gasthof von Pichauris! Ich hoffe, unsere Flinten werden uns den Kummer ersparen, bares Geld dafür bezahlen zu müssen.«

»Das wäre großartig«, sagte mein Vater.

»Ich gestehe allerdings, mein lieber Joseph, daß man dazu ein guter Schütze sein muß. Aber es gibt noch etwas Besseres: das königliche Wild in den Schluchten des Taoumé!«

»Und was ist das?«

»Raten Sie!«

»Elefanten!« jubelte Paul.

»Nein«, sagte der Onkel. Aber als er die Enttäuschung des kleinen Bruders sah, fügte er hinzu: »Es ist natürlich nicht ausgeschlossen, daß es auch Elefanten gibt, aber ganz genau weiß ich es nicht! Nun, Joseph, denken Sie ein bißchen nach: was ist das seltenste, schönste und argwöhnischste Wild? Was ist der Traum des Jägers?«

Ich unterbrach:

»Welche Farbe hat es?«

»Braun, Rot und Gold.«

»Fasanen«, rief mein Vater.

Aber der Onkel schüttelte verneinend den Kopf und setzte hinzu: »Nein! . . . Der Fasan ist ja ganz schön, das gebe ich zu – aber dumm, und wenn er auffliegt, so leicht zu treffen wie ein Kinderdrachen. Außerdem vom Standpunkt des Feinschmeckers ist sein Fleisch hart und ohne Geschmack; um ihn einigermaßen genießbar zu machen, muß man ihn hängen lassen, bis er Hautgout hat, also verfault ist. Nein, der Fasan ist kein königliches Wild.«

»Also, was ist es dann?« fragte mein Vater.

Der Onkel stand auf, kreuzte die Arme und sagte:

»Die Bartavelle!«*

Er sprach das Wort langsam aus und betonte jede Silbe mit verklärten Augen. Doch blieb die erwartete Wirkung aus, denn mein Vater fragte:

»Was ist das?«

Der Onkel war keineswegs fassungslos.

»Sehen Sie«, sagte er mit Genugtuung, »dieses Wild ist so selten, daß nicht einmal Joseph davon gehört hat! Nun, die Bartavelle oder das Steinhuhn ist das Königsrebhuhn und mehr König als Rebhuhn, denn es ist so groß und leuchtend rot, daß es fast ein Birkhahn sein könnte! Es lebt in felsigen, hochgelegenen Tälern – aber es ist auch so mißtrauisch wie ein Fuchs – die Kette hat immer zwei Wachtposten, und es ist sehr schwierig, sich ihr zu nähern.«

»Ich weiß, wie man es machen muß«, sagte Paul. »Ich würde auf dem Bauch kriechen wie eine Schlange, ohne zu atmen.«

»Das ist eine gute Idee«, sagte der Onkel, »sobald wir Bartavellen sehen, holen wir dich.«

»Haben Sie schon viele geschossen?« fragte meine Mutter.

»Nein«, sagte der Onkel bescheiden. »Ich habe in den Pyrenäen mehrere gesehen, aber ich hatte nie Gelegenheit, eine zu erlegen.«

»Aber wer hat Ihnen gesagt, daß es in dieser Gegend Bartavellen gibt?«

»Ich weiß es von Mond des Parpaillouns, dem alten Wilderer.«

Ich fragte:

»Ist das ein Aristokrat?«

»Ich glaube nicht«, sagte mein Vater, »denn der Name bedeutet: Edmond von den Schmetterlingen.«

Dieser Name entzückte mich, und ich nahm mir vor, den geheimnisvollen Herrn zu besuchen.

»Hat er welche gesehen?«

»Er hat letztes Jahr eine getötet. Er hat sie in die Stadt gebracht. Man hat ihm *zehn Francs* dafür bezahlt.«

»Mein Gott«, sagte meine Mutter und faltete die Hände. »Wenn ihr pro Tag eine bringen würdet, das käme mir wie gerufen!«

»Das ist also nicht nur der Traum des Jägers«, sagte mein Vater, »es ist auch der Traum der Hausfrau! Sprechen Sie nicht mehr von den Bartavellen, mein lieber Jules: ich werde heute

* Provençalischer Name der Felsenrebhühner

nacht von ihnen träumen, und meine liebe Frau wird noch ihren Verstand darüber verlieren!«

»Was mich ängstigt«, sagte Tante Rose, »ist, daß es hier auch Wildschweine geben soll, wie der Bauer behauptete.«

»Wildschweine?« fragte meine Mutter beunruhigt.

»Na ja, Wildschweine ...«, sagte der Onkel lächelnd. »Aber regt euch nicht auf, bis hierher werden sie nicht kommen. Im Hochsommer, wenn die Quellen von Sainte-Victoire ausgetrocknet sind, dann lassen sie sich manchmal in der kleinen Grotte von Mûrier blicken; das ist der einzige Brunnen in der Umgebung, der nicht austrocknet. Letztes Jahr hat Baptistin dort zwei getötet.«

»Aber das ist ja entsetzlich«, sagte meine Mutter.

»Ganz und gar nicht«, versicherte Joseph. »Das Wildschwein greift den Menschen nicht an. Im Gegenteil, es flieht ihn, und man kann es nur mit großer Mühe aufstöbern.«

»Wie die Bartavellen!« rief Paul.

»Es sei denn«, sagte der Onkel ernst, »man verwundet es!«

»Und Sie glauben, daß es einen Menschen töten kann?«

»Ich hatte einen Freund«, rief der Onkel, »einen Jagdfreund – der Malbousquet hieß. Er war ein alter Holzfäller, der bei der Arbeit durch einen Unglücksfall einen Arm verloren hatte. Da er die Axt nicht mehr handhaben konnte, verlegte er sich aufs Wildern.«

»Mit einem Arm?« fragte Paul.

»Oh ja ... mit einem Arm! Und ich sage dir, er traf immer! Jeden Tag brachte er Rebhühner, Hasen und Kaninchen mit, die er im Schloß heimlich dem Koch verkaufte. Eines Tages stand Malbousquet plötzlich einem Wildschwein gegenüber – das Tier war noch nicht einmal besonders groß, genau siebzig Kilo, denn wir haben es nachher gewogen –, kurz und gut: Malbousquet konnte nicht widerstehen. Er schoß und hat das Tier getroffen; aber es besaß noch die Kraft, ihn anzugreifen, umzuwerfen und in Stücke zu reißen. Jawohl, in Stücke«, wiederholte mein Onkel. »Als wir ihn fanden, sahen wir zuerst mitten auf dem Weg eine grüngelbe Schnur, ungefähr zehn Meter lang: das waren die Eingeweide von Malbousquet.«

Meine Mutter und meine Tante stießen ein entsetztes »Oh!« aus, während Paul lachte und in die Hände klatschte.

»Jules«, sagte meine Tante, »du solltest vor den Kindern nicht solche scheußlichen Geschichten erzählen.«

»Im Gegenteil«, sagte mein Vater, der in allen Katastrophen einen erzieherischen Wert sah, »das ist eine ausgezeichnete Lehre für sie. Nun wißt ihr, daß Wildschweine gefährliche Tiere sind; wenn ihr also zufällig einem begegnet, dann klettert so schnell ihr könnt auf den nächsten Baum.«

»Joseph«, sagte meine Mutter, »du mußt mir versprechen, daß du auch auf den nächsten Baum klettern wirst, ohne auch nur ein einziges Mal zu schießen . . .«

»Das wäre ein schöner Anblick!« rief der Onkel. »Ich habe Ihnen doch gesagt, daß Malbousquet keine Bleikugeln hatte. Aber wir haben welche.«

Er öffnete die Schublade und holte eine Handvoll Patronen heraus, die er auf den Tisch legte.

»Sie sind länger als die anderen, weil ich die doppelte Füllung Pulver hineingegeben habe. Damit ist das Tier erledigt. Vorausgesetzt natürlich«, und er wandte sich zu meinem Vater, »daß man nicht versäumt, auf die linke Schulter zu zielen. Passen Sie gut auf, Joseph . . . ich sage: die linke!«

»Aber wenn es so schnell fortläuft, daß man nur mehr seinen Hintern sieht, was muß man dann tun?« fragte Paul.

»Nichts einfacher als das, und es wundert mich, daß du nicht selbst darauf kommst.«

»Man zielt auf seine linke Hinterbacke?«

»Man denkt nicht daran«, sagte der Onkel. »Man braucht nur zu wissen, daß Wildschweine gern Trüffeln fressen . . .«

»Was hat das damit zu tun?« fragte meine Mutter neugierig.

»Sehen Sie, Augustine, Sie beugen sich nach links und rufen, so laut Sie können, nach links natürlich: ›Ah! die schönen Trüffeln!‹. Dann dreht sich das verführte Wildschwein um seine eigene Achse, wendet sich nach links und präsentiert Ihnen seine linke Schulter.«

Meine Mutter und ich lachten laut, mein Vater lächelte, und Paul erklärte:

»Das erzählst du nur, um uns zum Lachen zu bringen!«

Aber Paul lachte nicht, denn er war seiner Sache nicht ganz sicher.

Dieses Weidmannsessen hatte sehr viel länger gedauert als gewöhnlich. Es war neun Uhr, als wir vom Tisch aufstanden, um mit der Herstellung der Patronen zu beginnen. Ich wurde zur Mitarbeit zugelassen, denn ich hatte darauf hingewiesen, daß man ›viel dabei lernen könne‹.

»Eine halbe Stunde, länger nicht«, sagte meine Mutter und trug Paul in unser Zimmer hinauf. Er war schon halb im Schlaf und stammelte nur schwache Proteste.

»Zuerst müssen wir die Waffen genau untersuchen«, sagte mein Onkel.

Aus dem Büfett, hinter den Tellern, holte er ein schönes Etui aus dunkelrotem Leder (ich war tief beschämt, daß ich es nicht längst entdeckt hatte) und entnahm ihm ein sehr hübsches Gewehr, das ganz neu aussah. Die Läufe waren mattschwarz, der Abzug vernickelt, und auf dem geschnitzten Kolben war in das gelackte Holz der Hahn eingelassen.

Mein Vater nahm die Waffe, drehte sie nach allen Seiten und ließ ein bewunderndes Pfeifen hören.

»Das ist das Hochzeitsgeschenk meines älteren Bruders«, sagte der Onkel. »Ein Sechzehnkaliber Perkussionsgewehr von Verney-Carron.«

Er nahm es wieder an sich und ließ den Verschluß spielen. Die Waffe öffnete sich mit einem melodischen ›Klick‹, und der Onkel sah durch ihren Lauf nach der Lampe.

»Gut eingefettet«, sagte er, »aber morgen sehen wir alles noch genauer nach.«

Er drehte sich nach meinem Vater um:

»Und wo ist Ihr Gewehr?«

»In meinem Zimmer.«

Er ging hinaus, um es zu holen.

Ich ahnte nicht, daß er eine Flinte besaß, und war entrüstet, daß er ein so schönes Geheimnis für sich behalten hatte. Ungeduldig erwartete ich seine Rückkehr und versuchte, nach dem Geräusch seiner Schritte und dem Umdrehen des Schlüssels zu erraten, wo er das Gewehr versteckt hatte. Aber mein Lauern war umsonst, und ich hörte ihn eilig die Treppe wieder herunterkommen.

Er brachte ein großes, gelbes Etui mit, das er – ohne mein Wissen – beim Trödler gekauft haben mußte, denn mehrere Schrammen verrieten sein Alter, und der durchschimmernde weiße Grund ließ erkennen, daß es aus Pappe war.

Er öffnete diese kümmerliche Schachtel und sagte mit etwas verlegenem Lachen:

»Dieses Gewehr wird neben einer so hochmodernen Waffe eine traurige Figur machen, aber es stammt von meinem Vater.«

Nachdem er so den veralteten Schießprügel in ein respektables Familienandenken umgewandelt hatte, zog er die drei Teile einer riesigen Flinte aus dem Kasten.

Der Onkel nahm sie und setzte sie mit der Gewandtheit eines Zauberers zusammen. Dann betrachtete er die Waffe in ihrem ganzen Ausmaß und rief:

»Heiliger Himmel! Das ist kein Gewehr, das ist eine Donnerbüchse!«

»Das ist nicht ausgeschlossen«, sagte mein Vater, »aber es scheint, daß sie gut schießt.«

»Das ist durchaus möglich«, sagte der Onkel.

Der Kolben war nicht geschnitzt, und von seinem Lack war nichts mehr übrig. Der Abzug war nicht vernickelt, und die zwei Hähne waren so groß, als wären sie geschmiedet. Ich fühlte mich gedemütigt.

Onkel Jules öffnete den Lauf und prüfte ihn nachdenklich.

»Wenn es nicht ein unbekanntes Kaliber aus früherer Zeit ist, möchte ich es für einen Zwölfer halten.«

»Ja, es ist ein Zwölfer«, bestätigte mein Vater. »Ich habe immer Patronen für Kaliber zwölf gekauft.«

»Mit Zündnadel, wohlverstanden?«

»Jawohl.«

Aus einer Schachtel reichte er dem Onkel einige Patronenhülsen. Auf ihrem kupfernen Boden trat ein kleiner Nagel ohne Kopf hervor. Der Onkel ließ eine der Hülsen in den Lauf gleiten.

»Er ist etwas ausgeleiert«, sagte er, »aber es ist tatsächlich ein Zwölfer-Zündnadelgewehr, ein seit langem überholtes System und nicht ungefährlich.«

»Inwiefern gefährlich?« fragte meine Mutter.

»Minimal«, sagte der Onkel, »aber trotz allem ist Gefahr dabei. Sehen Sie, Augustine, wenn der Hahn auf diesen kleinen Nagel schlägt, entzündet sich das Pulver. Aber der kleine Nagel steht nach außen vor und ist ungeschützt; er kann aus Versehen einen Stoß bekommen.«

»Wie zum Beispiel?«

»Zum Beispiel, wenn der Jäger eine solche Patrone fallen läßt und sie auf die Zündnadel fällt, kann sie vor seinen Füßen explodieren.«

»Es wäre aber nicht tödlich«, sagte Joseph beruhigend, »und außerdem wird es mir nicht passieren, eine Patrone fallen zu lassen.«

»Ich habe einmal einen merkwürdigen Unfall miterlebt«, sagte der Onkel. »Ich war noch sehr jung, als man Zündnadelgewehre benutzte. Der Vorsitzende unseres Jagdklubs, ein Herr Bénazet (er sprach den Namen aus wie Bénazette) war so dick, daß man ihn bei Nacht und von weitem für ein Faß halten konnte. Man mußte zwei Patronengürtel zusammennähen, um daraus einen für ihn zu machen. Eines Tages, nach einem guten Jagdfrühstück, rutschte er aus und fiel von der obersten Stufe die Treppe hinunter, mit seinem riesigen Patronengürtel um den Bauch, der mit diesen altmodischen Patronen gespickt war. – Nun, es war, als ob ein Feuerwerk abgebrannt würde, und ich bedauere, Ihnen sagen zu müssen, daß er daran gestorben ist ...«

»Joseph«, sagte meine Mutter, die ganz blaß geworden war, »wir kaufen ein anderes Gewehr, oder du gehst nicht auf die Jagd!«

»Aber ich bitte dich«, sagte mein Vater lachend, »erstens habe ich nicht die geringste Ähnlichkeit mit einem Faß, und dann wird man mich auch nie zu einem ›guten Jagdfrühstück‹ im Land der großen Weinbauern einladen. Ich bin überzeugt, daß der Unfall des Herrn Bénazet zunächst einmal eine Rotweinfontäne hochschießen ließ.«

»Das ist anzunehmen«, sagte Onkel Jules und lachte, »und ich kann Sie beruhigen, Augustine, denn dieser Unfall ist wirklich einzig in seiner Art.« Er stand ungestüm auf und schulterte das Zwölf-Kaliber.

Meine Mutter rief mir zu:

»Du bleibst, wo du bist! Rühr dich nicht vom Fleck!«

Der Onkel wiederholte fünf- oder sechsmal das gleiche Manöver, prüfte den Schwerpunkt, die Hahnspannung und die Patronenkammer. Schließlich fällte er sein Urteil.

»Diese Flinte ist sehr alt und wiegt drei Pfund zuviel. Aber sie liegt gut in der Hand, und man trägt sie bequem auf der Schulter. Meiner Meinung nach ist es eine vortreffliche Waffe.«

Mein Vater lächelte glücklich und sah stolz von einem zum anderen, als der Onkel hinzufügte:

»Vorausgesetzt, daß sie nicht explodiert.«

»Was?« sagte meine Mutter entsetzt.

»Fürchten Sie nichts, Augustine. Wir werden alles vorsichtig ausprobieren. Die ersten Schüsse lösen wir mit Bindfaden. Wenn es explodiert, hat Joseph zwar kein Gewehr mehr – aber sein rechter Arm und die Augen sind gerettet.«

Er besah sich die hintere Lauföffnung noch einmal und sagte:

»Möglich, daß das Gewehr unter einer schweren Ladung sein Kaliber ändert und zur Entenflinte wird. Nun, morgen werden wir Bescheid wissen. Jetzt wollen wir die Munition vorbereiten.«

Er kommandierte:

»Erst einmal alles Feuer im Haus löschen! Diese Petroleumlampe ist schon gefährlich genug!«

Er wandte sich zu mir und fügte hinzu:

»Man spaßt nicht mit dem Pulver!!«

Meine Mutter erschrak, lief in die Küche und goß einen Topf Wasser auf die noch glimmende Glut im Herd. Unterdessen vergewisserte sich mein Vater, daß die Kupferlampe undurchlässig und solide aufgehängt war.

Nachdem diese Vorsichtsmaßregeln ergriffen waren, setzte der Onkel sich meinem Vater gegenüber an den Tisch.

Meine Tante, für die das gefährliche Zeremoniell nichts Neues mehr war, ging auf ihr Zimmer, um dem kleinen Pierre die Flasche zu geben, und kam nicht mehr herunter.

Meine Mutter hatte sich in zwei Meter Entfernung vom Tisch auf einen Stuhl gesetzt.

Ich blieb zwischen ihren Knien stehen und dachte, daß mein Körper sie auf diese Weise vor einer Explosion schützen würde.

Nun nahm mein Onkel eine der Weißblechflaschen und kratzte vorsichtig den Gummistreifen ab, der den Verschluß dicht hielt. Ein winziges, schwarzes Schnürchen sah aus dem Korken hervor: das faßte er geschickt mit Daumen und Zeigefinger und zog daran den Korken heraus.

Nun neigte er den Flaschenhals über ein weißes Blatt Papier, und eine Messerspitze schwarzer Puder kam heraus. Ich näherte mich hypnotisiert.

Das also war das Pulver, diese schreckliche Substanz, die schon so viel Tiere und Menschen getötet, so viel Häuser in die Luft gesprengt und Napoleon bis nach Rußland getrieben hatte ... Man hätte meinen können, es wäre ein bißchen geschabte Kohle, Schwarzpulver, nichts weiter ...

Mein Onkel ergriff einen dicken, kupfernen Fingerhut, der an einem kleinen Holzgriff befestigt war.

»Das ist das Lotmaß«, erklärte er, »um die Ladung abzumessen. Es ist in Gramm und Dezigramm unterteilt, was eine ausreichende Meßgenauigkeit ermöglicht.«

Er füllte den kleinen Behälter bis zum Rand und leerte ihn

dann auf die Waagschale; sie senkte sich, hob sich langsam und blieb im Gleichgewicht stehen.

»Es ist nicht feucht«, sagte er, »es hat das rechte Gewicht, es glänzt, es ist ein tadelloses Pulver.«

Nun begann die Füllung der Patronen, eine Arbeit, bei der mein Vater half. Auf das Pulver füllte er eine Schicht der von Onkel Jules gekochten, fetten Vorladung, darauf das Blei, darauf noch einmal die gekochte Masse; dann wurde das Ganze mit einem runden Stückchen Pappe bedeckt, auf dem eine große, schwarze Zahl die Größe der Patrone angab.

Dann wurden die Patronen eingefaßt: der kleine Apparat mit der Handkurbel bearbeitete den oberen Rand der Hülse, der sich zu einem Wulst verdickte und die mörderische Kapsel endgültig verschloß.

»Ist Kaliber sechzehn größer als Kaliber zwölf?« fragte ich.

»Nein«, sagte der Onkel, »es ist etwas kleiner.«

»Warum?«

»Ja«, sagte mein Vater, »warum bezeichnen die kleineren Nummern die größeren Kaliber?«

»Das ist kein schwer zu lösendes Rätsel«, sagte der Onkel mit überlegener Miene, »aber es ist gut, daß Sie mich danach fragen. Kaliber sechzehn ist ein Gewehr, für das man aus einem Pfund Blei sechzehn Kugeln anfertigen kann. Für das Kaliber zwölf ergibt das gleiche Quantum nur zwölf Kugeln. Und wenn es ein Gewehrkaliber eins gäbe, würde man einpfündige Kugeln damit abfeuern.«

»Eine sehr einleuchtende Erklärung«, sagte mein Vater. »Hast du alles verstanden?«

»Ja«, sagte ich. »Je mehr Kugeln man aus einem Pfund machen kann, um so kleiner sind sie. Also ist die Mündung kleiner, wenn das Gewehr eine höhere Nummer hat.«

»Rechnen Sie ein Pfund zu fünfhundert Gramm?«

»Ich glaube nicht«, sagte der Onkel. »Man muß hier mit dem alten Gewicht von vierhundertachtzig Gramm pro Pfund rechnen.«

»Großartig«, sagte mein Vater plötzlich sehr interessiert.

»Warum?«

»Weil ich da eine Fundgrube von Aufgaben für die Mittelstufe entdecke: ›Ein Jäger, der über siebenhundertsechzig Gramm Pulver verfügte, konnte daraus vierundzwanzig Kugeln für sein Gewehr herstellen. Wenn man weiß, daß früher das

Pfund zu vierhundertachtzig Gramm gerechnet wurde, und daß die Nummer des Kalibers zugleich die Zahl der Kugeln angibt, die man mit einem Pfund Blei herstellen kann, welche Kalibernummer hat dann sein Gewehr?‹«

Diese pädagogische Erfindung beunruhigte mich etwas, da ich fürchtete, sie könne auf Kosten meiner Spiele an mir ausprobiert werden. Aber die Überlegung, daß mein Vater von seiner neuen Leidenschaft viel zu begeistert war, als daß er seine Ferien geopfert hätte, um mir meine zu verderben, beruhigte mich wieder.

Und in der Folge stellte sich heraus, daß meine Vermutung richtig war.

Der Abend endete mit der Aufstellung eines ganzen Bataillons farbiger Patronen, in Reih und Glied wie Zinnsoldaten. Das alles hatte mich lebhaft interessiert.

Trotzdem fühlte ich mich irgendwie verlegen und unbefriedigt, ohne daß ich hätte sagen können, warum.

Erst als ich meine Socken auszog, kam ich der Sache auf den Grund.

Den ganzen Abend hatte Onkel Jules wie ein Gelehrter und Professor gesprochen, während mein Vater, er, der doch Mitglied der Prüfungskommission war, wie ein ahnungsloser Schüler aufmerksam zugehört hatte.

Das beschämte und demütigte mich.

Am nächsten Morgen, als meine Mutter mir den Milchkaffee eingoß, gestand ich ihr meinen Kummer.

»Bist du damit einverstanden, daß Papa auf die Jagd geht?«

»Nicht so sehr«, antwortete sie. »Es ist ein gefährliches Vergnügen.«

»Hast du Angst, daß er mit seinen Patronen die Treppe hinunterfällt?«

»Oh nein, das nicht«, sagte sie. »So ungeschickt ist er nicht. Immerhin, dieses Pulver ist heimtückisch.«

»Mir gefällt es aus einem anderen Grund nicht.«

»Und warum nicht?«

Ich überlegte einen Moment, den ich dazu benutzte, einen gehörigen Schluck Milchkaffee zu trinken, ehe ich antwortete:

»Hast du nicht bemerkt, wie Onkel Jules mit ihm spricht? Daß er immerzu nur herumkommandiert, und daß er es ist, der die ganze Zeit redet?«

»Das tut er aus Freundschaft und um den Vater zu belehren.«

»Ich sehe nur, er ist gewaltig zufrieden, daß er mehr versteht als Papa. Und das gefällt mir gar nicht. Papa schlägt ihn immer beim Boule- und Damespiel und auch beim Domino. Aber ich weiß bestimmt, daß er hier verlieren wird. Ich finde es dumm, wenn man ein Spiel spielt, das man nicht kann. Ich spiele nie Fußball, weil meine Beine noch zu klein sind und die anderen mich auslachen würden. Ich spiele Klicker, Fangen oder Mühle, weil ich da fast immer gewinne.«

»Aber mein großer Dummer, die Jagd ist ja kein Wettspiel! Es ist ein Spaziergang mit einem Gewehr in der Hand, und wenn es Papa Vergnügen macht, wird es ihm gut tun, selbst wenn er kein Wild erlegt.«

»Wenn er nichts schießt, dann finde ich es ekelhaft – jawohl ekelhaft! Und ich werde ihn nicht mehr lieben!«

Ich war nahe daran zu weinen, aber mit Hilfe eines Butterbrotes schluckte ich meine Tränen hinunter. Meine Mutter sah es und umarmte mich:

»Du hast nicht so ganz unrecht«, sagte sie. »Es ist wahrscheinlich, daß Papa zuerst weniger Glück haben wird als Onkel Jules. Aber in einer Woche ist er sicher ebenso geschickt, und du wirst sehen, in vierzehn Tagen ist er es, der dem Onkel Ratschläge gibt!«

Sie log nicht, um mich zu trösten: sie hatte Vertrauen. Sie war ihres Josephs so sicher. Aber ich verzehrte mich vor Angst, wie es die Kinder unseres verehrten Präsidenten der Republik tun würden, wenn er ihnen eröffnete, daß er als Radrennfahrer an der Tour de France teilnehmen wolle.

Der nächste Tag wurde noch peinlicher.

Während wir die Gewehre reinigten, deren einzelne Teile auf dem Tisch ausgebreitet lagen, sang Onkel Jules von neuem das Heldenlied seiner Jagderfolge.

Er erzählte, daß er in den Weinbergen und Kiefernwäldern seines heimatlichen Roussillon Dutzende von Hasen, Hunderte von Rebhühnern und die Kaninchen zu Tausenden erlegt habe, gar nicht zu reden von den ›seltenen Stücken‹!

»Eines Abends kam ich unverrichteter Dinge nach Haus; ich war wütend, weil ich Schuß auf Schuß zwei Hasen verfehlt hatte.«

»Warum?« fragte Paul mit großen Augen und offenem Mund.

»Ich kann es wahrhaftig nicht sagen! Auf jeden Fall war ich beschämt und mutlos. Gerade als ich ziemlich ratlos von einem Gesträuch hinüber auf die Weinberge von Brouqueyrol wechsele, was sehe ich?«

»Ja, was sehe ich?« fragte Paul atemlos.

Ich schrie: »Eine Bartavelle!«

»Nein«, sagte der Onkel. »Es flog nicht und war auch viel größer. Was sehe ich? frage ich noch einmal. – Einen riesigen Dachs, der schon eine ganze Reihe von Weinstöcken abgefrrressen hatte! Ich lege an, ich ziele ...«

Es war immer dieselbe Geschichte und trotzdem jedesmal neu.

Der Onkel schoß (in weiser Voraussicht hatte er beide Läufe geladen!), und das getroffene Tier verlängerte die endlose Liste seiner Opfer.

Mein Vater hörte sich die Aufzählung dieser Ruhmestaten an, aber er sagte nichts. Folgsam wie ein Lehrling putzte er den Lauf seiner Flinte mit einer runden Bürste, die an einem langen Stiel befestigt war, während ich melancholisch den Abzug und den Bügel blankrieb.

Gegen Mittag wurden die Gewehre wieder zusammengesetzt, eingefettet und abgerieben, und Onkel Jules erklärte:

»Heute nachmittag probieren wir sie aus!«

Onkel Jules' Jagd-Feuilletons wurden während des ganzen Essens weiter vorgetragen und erstreckten sich mit einem Bericht über Gemsenjagd bis in die Pyrenäen.

»Ich nehme das Fernrohr – und was sehe ich?«

Paul vergaß darüber zu essen, so daß meine Mutter und meine Tante den erfolgreichen Jäger nach dem Tod zweier Gemsen baten, sein Epos zu unterbrechen, was er als große Schmeichelei auffaßte.

Ich benutzte diese Pause geschickt, um eine persönliche Frage einzuflechten.

Vom Beginn der Vorbereitungen an hatte ich nie daran gezweifelt, daß man mich auf die Jagd mitnehmen würde. Aber weder mein Vater noch mein Onkel hatten es ausdrücklich zugesagt, und ich hatte nie gewagt, eine direkte Frage zu stellen, aus Angst vor einer kategorischen Ablehnung. Deshalb versuchte ich es nun auf Umwegen.

»Und der Hund?« fragte ich. »Braucht ihr keinen Hund?«

»Es wäre schon gut, einen zu haben«, sagte der Onkel. »Aber wo sollen wir hier einen dressierten Jagdhund herbekommen?«

»Kann man denn keinen kaufen?«

»Natürlich«, sagte mein Vater. »Aber der würde mindestens fünfzig Francs kosten.«

»Das ist ja der reine Wahnsinn!« rief meine Mutter.

»Durchaus nicht«, sagte Onkel Jules. »Wenn man für fünfzig Francs einen guten Jagdhund kaufen könnte, würde ich keinen Moment zögern. Aber für den Preis bekommt man höchstens einen Bastard, der die Spur des Hasen verliert und uns vor ein Rattenloch führt. Ein gut dressierter Hund kostet mindestens an die achtzig Francs, ja manchmal werden bis zu fünfhundert dafür bezahlt.«

»Und was würden wir mit dem Tier anfangen, wenn die Zeit der Jagd vorbei ist?« fragte meine Tante.

»Wir müßten ihn für die Hälfte des Preises wieder verkaufen«, sagte der Onkel und fügte hinzu, »übrigens ist es immer gefährlich, einen Hund zu halten, wenn ein Baby im Haus ist.«

»Ja, das ist wahr«, sagte Paul, »er könnte den kleinen Vetter auffressen!«

»Das glaube ich nicht, aber er könnte ihn, ohne es zu wollen, mit einer Krankheit anstecken.«

»Mit Mandelentzündung!« schrie Paul. »Ich weiß, was das ist! Aber ich hatte sie nicht von einem Hund, sondern von der Zugluft.«

Ich gab das Thema auf. Ein Hund kam also nicht in Frage. Das bedeutete, daß sie mit mir rechneten, um das erlegte Wild aufzufinden. Man hatte es zwar nicht gesagt, aber es lag auf der Hand: eine feierliche Versprechung war überflüssig, noch dazu vor Paul, der die Absicht geäußert hatte, von weitem mit Watte in den Ohren an der Jagd teilzunehmen: ein unhaltbarer Vorschlag, der meinen eigenen Ansprüchen erheblich schaden konnte.

Ich schwieg also klug.

Nach dem Essen hielten die Erwachsenen ihren Nachmittagsschlaf. Wir benutzten diese Zeit, um den Grillen Gleitflügel anzulegen; das heißt, wir steckten den armen Sängerinnen, die plötzlich verstummten, einen Blattstiel ins Hinterteil und warfen sie dann in die Luft. Sie flogen nun wie der Zufall es wollte, und wir lachten herzlich über ihre extravaganten Zickzackkurse.

Gegen drei Uhr rief uns mein Vater.

»Kommt hierher und bleibt hinter uns stehen! Wir probieren die Flinten aus!«

Onkel Jules hatte die Donnerbüchse an zwei parallel laufende starke Äste gebunden. Nun nahm er einen Bindfaden, dessen Ende am Abzug befestigt war und den Schuß auslösen sollte. In zehn Schritt Entfernung blieb er stehen.

Meine Mutter und meine Tante kamen angelaufen und zwangen uns, noch weiter wegzugehen.

»Achtung!« rief der Onkel. »Ich habe doppelt geladen und werde beide Schüsse gleichzeitig abgeben. Wenn die Flinte explodiert, wird der Knall uns ganz hübsch die Ohren zerreißen!«

Die ganze Familie verkroch sich hinter Olivenbäumen, aber jeder riskierte ein Auge.

Nur die heroischen Männer blieben barhäuptig stehen.

Der Onkel zog an der Schnur: eine scharfe Detonation erschütterte die Luft, dann lief mein Vater zu der angebundenen Waffe.

»Sie hat sich gut gehalten!« rief er und schnitt vergnügt die Stricke entzwei.

Der Onkel öffnete den Hinterlader und prüfte ihn sorgfältig.

»Tadellos!« erklärte er schließlich. »Kein Riß, nicht die kleinste Erweiterung. Augustine, ich garantiere für Josephs Sicherheit. Sein Gewehr ist so widerstandsfähig wie ein Artilleriegeschütz.«

Als die Frauen sich beruhigt entfernten, sagte er leise zu meinem Vater:

»Trotzdem darf man nicht übertreiben. Ich kann Ihnen selbstverständlich bestätigen, daß die Waffe vor dieser Probe in tadellosem Zustand war. Doch es kommt vor, daß sie im Gebrauch ihre Zuverlässigkeit einbüßt – dieses Risiko muß man in Kauf nehmen. Jetzt werden wir die Kartuschen ausprobieren.«

Er zog eine Zeitung aus der Tasche, entfaltete sie und ging mit großen Schritten auf das Klosetthäuschen am Ende der Irisallee zu.

»Hat er Bauchweh?« fragte Paul.

Aber der Onkel betrat das Häuschen nicht; mit vier Reißnägeln befestigte er das Zeitungsblatt an der Tür und kam dann zu meinem Vater zurück.

Er lud seine Flinte mit einer einzigen Patrone: »Achtung!« sagte er.

Er legte an, zielte eine Sekunde und schoß.

Paul, der sich die Ohren zugehalten hatte, floh ins Haus.

Die beiden Jäger näherten sich der Zeitung. Sie war von vielen Löchern durchbohrt und sah aus wie ein Sieb.

Onkel Jules untersuchte sie lange und schien zufrieden.

»Sehr gut gestreut für einen Schuß aus dreißig Metern Entfernung! Ausgezeichnet!«

Er zog eine zweite Zeitung aus seiner Tasche, nahm sie auseinander und sagte:

»Jetzt sind Sie an der Reihe, Joseph.«

Während er die neue Zielscheibe an der Tür befestigte, lud Joseph sein Gewehr. Meine Mutter und meine Tante erschienen angelockt von dem ersten Schuß wieder auf der Terrasse. Paul, halb versteckt hinter dem Feigenbaum, die Finger in den Ohren, wagte einen vorsichtigen Blick.

Der Onkel lief im Trab zurück und sagte: »Los!«

Mein Vater zielte.

Ich zitterte vor Angst, daß er die Tür verfehlen könne! Das wäre die endgültige Demütigung gewesen und hätte ihn meiner Ansicht nach verpflichtet, die Jagd aufzugeben.

Er schoß. Der Knall war furchtbar, und seine Schulter zuckte heftig. Doch schien er weder aufgeregt noch überrascht und ging ruhig auf die Zielscheibe zu – ich kam ihm zuvor.

Der Schuß hatte die Mitte der Tür getroffen, und Bleisplitter umgaben die Zeitung von allen Seiten.

Triumphierender Stolz erfüllte mich, und ich wartete darauf, daß der Onkel seine Bewunderung ausdrückte.

Er ging auf die Tür zu, sah sich die Zielscheibe an und sagte nur:

»Das ist kein Gewehr, das ist eine Gießkanne.«

»Der Schuß hat genau in die Mitte getroffen«, sagte ich energisch.

»Durchaus nicht schlecht geschossen«, gab er zu. »Aber ein fliegendes Rebhuhn ist etwas anderes als eine feststehende Tür. Jetzt probieren wir die Patronen mit den Nummern vier, fünf und sieben aus.«

Jeder gab noch drei Schuß ab, und danach erfolgte jeweils die Besichtigung und Kritik durch den Onkel.

Schließlich rief er:

»Für die letzten Schüsse werden wir das stärkste Schrot nehmen. Halten Sie den Kolben fest, Joseph, ich habe anderthalb Füllungen geladen. Und Sie, meine Damen, verstopfen Sie sich die Ohren, denn es wird ein Donnergetöse geben.«

Sie schossen beide zu gleicher Zeit; der Lärm war betäubend.

Die Tür des Häuschens krachte in allen Fugen.

Dann gingen sie hin und lachten, zufrieden mit sich selbst.

»Onkel«, fragte ich, »hätte das genügt, um ein Wildschwein zu töten?«

»Aber gewiß – vorausgesetzt, daß es getroffen worden wäre!«

»In die linke Schulter?«

»Natürlich!«

Er riß die übereinandergehefteten Zeitungen von der Tür. Ich sah etwa zwanzig Bleikügelchen, die tief im Holz steckten.

»Das ist hartes Holz«, stellte er fest. »Sie sind nicht durch die Tür gedrungen. Hätten wir Kugeln gehabt ...!!«

Zum Glück hatten sie das nicht, denn durch die mißhandelte Tür hörten wir eine zaghafte Stimme fragen:

»Darf ich jetzt herauskommen?«

Es war das Dienstmädchen.

Der Tag des Jagdbeginns rückte näher, und im Haus sprach man von nichts anderem mehr.

Nach der langen Reihe epischer Schilderungen war der Onkel nun bei technischen Erläuterungen angekommen. Um vier Uhr nach der Siesta sagte er:

»Joseph, ich werde Ihnen jetzt den Schuß des Königs auseinandersetzen, der auch zugleich der König der Schüsse ist. Vor allem hören Sie mir gut zu: Sie sind hinter einer Hecke verborgen, und Ihr Hund läuft im Kreis um die Weinstöcke. Wenn er seine Sache gut macht, werden die Rebhühner direkt auf Sie zukommen. Nun gehen Sie einen Schritt zurück, legen aber noch nicht an, weil das Wild Ihre Flinte sonst sehen würde und Zeit hätte, die Flucht zu ergreifen. Sobald die Vögel ins Blickfeld kommen, legen Sie an und zielen: doch ehe Sie hart und trocken abdrücken, heben Sie die Mündung etwa zehn Zentimeter höher, senken, während Sie schießen, den Kopf und machen einen krummen Rücken ...«

»Warum?« fragte mein Vater.

»Weil Ihnen, wenn Ihr Schuß gut gezielt ist, ein kiloschwerer Vogel mit einer Fluggeschwindigkeit von sechzig Kilometern in der Stunde mitten ins Gesicht klatschen würde. – Jetzt gehen wir zur Praxis über. Marcel, hol mir mein Gewehr.«

Ich rannte ins Eßzimmer und kam langsam mit der kostbaren Waffe zurück, die ich mit respektvoller Vorsicht trug.

Der Onkel öffnete immer zuerst die Schwanzschraube, um sich zu vergewissern, daß das Gewehr nicht geladen war. Dann stellte er sich im Garten hinter eine Hecke; mein Vater, Paul und ich postierten uns im Halbkreis um ihn herum. Der Onkel, mit zusammengezogenen Brauen, gespitzten Ohren und krummem Rücken tat, als sähe er durch die Blätter, nicht etwa auf den öden, steinigen Gartenweg, sondern auf die leuchtend goldenen Weinstöcke von Roussillon. Plötzlich bellte er zweimal kurz und scharf. Dann blies er mächtig durch seine weichen Lippen und täuschte so den Flügelschlag einer Kette Rebhühner vor. Jetzt machte er den bewußten Schritt zurück und sah aufmerksam über den Rand der Hecke in den Himmel. Dann legte er schnell an, drückte mit einem kurzen Ruck ab und schrie: »Bum! Bum!« Worauf wir alle vier den Kopf einzogen und unbeweglich mit geschlossenen Augen stehenblieben, gefaßt auf den Aufprall eines kiloschweren Vogels mit einer Geschwindigkeit von sechzig Kilometern in der Stunde.

Der Onkel erlöste uns und rief »Plum-Plum!«, denn zwei Rebhühner waren hinter uns zu Boden gefallen. Er suchte sie einen Augenblick mit den Augen und hob zuerst das eine, dann das zweite auf; denn bei seinen Demonstrationen schoß er nur ›Dubletten‹. Dann pfiff er seinem Hund, und kehrte mit dem schweren Schritt des ermüdeten Jägers zurück, um sich im Schatten der Bäume auszuruhen. Mein Vater sagte nachdenklich:

»Das scheint gar nicht so leicht zu sein.«

»Nein, es braucht Übung. Wie ich gestehen muß, habe ich noch nie gehört, daß einem Anfänger gleich der erste Schuß gelungen wäre ... Aber wenn Sie Talent haben – was ich noch nicht beurteilen kann – so ist es durchaus möglich, daß Sie nächstes Jahr ... Versuchen Sie es auf jeden Fall schon jetzt!«

Und mein Vater nahm das Gewehr und wiederholte folgsam die Pantomime des Onkels.

Manchmal nahm er mich morgens mit in das Tal von Rapon. Der Weg war von einer Weidenhecke eingefaßt. Dort wiederholten wir ganz im geheimen den Königsschuß. Ich spielte die Rolle des Rebhuhns. Im Augenblick des Auffliegens warf ich mit aller Kraft einen Stein über die Hecke, und mein Vater versuchte ihn mit seiner schußbereit angelegten Flinte zu verfolgen ...

Bei der Kaninchenjagdprobe rollte ich, ohne ihm vorher etwas zu sagen, eine alte verschimmelte Kugel durch das Gras, die ich im Garten als Überrest eines verlorenen Kegelspiels gefunden hatte.

Ein andermal mußte ich mich im Gestrüpp verstecken und die Augen schließen. Da lauschte ich nun mit gespitzten Ohren auf das leiseste Knacken. Plötzlich legte er mir die Hand auf die Schulter und fragte: »Hast du mich kommen hören?«

Mit diesem peinlich genauen und demütigen Fleiß bereitete sich mein Vater auf den Jagdbeginn vor – so daß ich zum erstenmal in meinem Leben an seiner Allmacht zweifelte und meine Befürchtungen nur noch größer wurden.

Schließlich dämmerte der Morgen des Tages vor dem großen Ereignis.

Zuerst probierten sie ihre Jagdkleidung. Papa hatte ein blaues Barett gekauft, das ihm meiner Ansicht nach ausgezeichnet stand, braune Ledergamaschen und hohe Stiefel mit geflochtenen Hanfsohlen. Onkel Jules trug eine Baskenmütze, Schnürstiefel und eine sehr einfallsreiche Jacke, über die ich einige Worte sagen muß, denn es war wirklich ein bemerkenswertes Kleidungsstück.

Als meine Mutter es zum erstenmal sah, erklärte sie:

»Das ist keine Jacke: das sind dreißig zusammengenähte Taschen!« Die Jacke hatte Taschen bis zum Rücken. Ich stellte später fest, daß dieser Reichtum seine Nachteile hatte.

Wenn mein Onkel irgend etwas in seinen Taschen suchte, tastete er erst den Stoff ab, dann das Futter, dann beides zugleich, bis er das gewünschte Objekt erkennen konnte. Am schwersten war herauszubekommen, durch welche Öffnung er bis zu ihm vordringen konnte.

So passierte es, daß eine kleine Amsel, die in diesem Labyrinth vergessen worden war, sich erst nach vierzehn Tagen durch einen abscheulichen Gestank bemerkbar machte. Tante Roses empfindliche Nase entdeckte sie in ihrem Schlupfwinkel. Ein trauriger, gelber Schnabel hatte das Futter durchbohrt. Der Onkel inspizierte noch mehrere Taschen und fand ein Kaninchenohr, zerdrückte Weinbergschnecken und einen alten Zahnstocher, der sich schmerzlich unter seinen Nagel bohrte . . . Um die Vogelleiche herauszuholen, mußte man zur Schere greifen.

Immerhin machte die Jacke bei der Anprobe großen Eindruck und schien reiche Beute zu versprechen.

Die Betrachtung vor dem Spiegel nahm kein Ende, und die Jäger schienen sich gut zu gefallen. Doch während sie sich noch von allen Seiten bewunderten, zogen ihnen ihre Frauen die Sachen wieder aus, um einige Knöpfe fester zu nähen.

Nun wurden die Gewehre noch einmal geölt und abgerieben, und ich erhielt den ehrenvollen Auftrag, die Patronentaschen zu füllen und sie an den ledernen Gurten zu befestigen.

Dann studierten sie die Generalstabskarte mit der Lupe.

»Wir steigen hinter dem Haus bis nach Redouneou hinauf; hier ist es«, sagte der Onkel und piekte eine Nadel mit schwarzem Kopf an die bezeichnete Stelle. »Auf dem Weg dahin werden wir nicht viel zu sehen bekommen. Vielleicht Drosseln oder Amseln.«

»Das wäre schon sehr interessant«, sagte mein Vater.

»Das sind Bagatellen«, sagte der Onkel. »Unser Wild – geben wir uns da keinen Illusionen hin – ist natürlich nicht die Bartavelle, wohl aber das Rebhuhn, das Kaninchen und der Hase. Ich glaube, das alles findet man in der Gegend von Escaouprès, wenigstens hat Mond des Parpaillouns mir das versichert. Also, gehen wir von Redouneou hinunter nach Escaouprès und dann wieder hinauf bis zum Fuß des Taoumé! Wir gehen rechts um den Berg herum, um die Quelle von Mûrier zu erreichen. Dort essen wir gegen halb eins. Später ...«

Aber das folgende hörte ich nicht mehr, da ich über meinen Plan nachdenken mußte.

Es war jetzt unbedingt nötig, eine offene Frage an sie zu richten, um die Bestätigung meiner Teilnahme an der morgigen Jagd zu erhalten – einer Teilnahme, die mir im Hinblick auf das gleichgültige Verhalten meiner Umgebung nicht mehr so sicher schien.

Von *meiner* Kleidung hatte man nicht gesprochen – man dachte wohl, daß ich für einen Jagdhund passend angezogen war?

Eines Morgens hatte ich zu unserem Dienstmädchen gesagt, daß ich schon ungeduldig auf die Jagderöffnung wartete. Die Person hatte gelacht und geantwortet:

»Bilde dir nur nicht ein, daß sie dich mitnehmen!«

Blöde Antwort einer dummen Gans, es konnte mir nur leid tun, daß ich mit ihr gesprochen hatte. Was mich vielmehr beunruhigte, war eine gewisse Verlegenheit bei meinem Vater, der mehrmals bei Tisch – ohne jede Veranlassung – gesagt hatte, daß der Schlaf für Kinder unersetzlich sei, für alle Kinder, ohne Ausnahme, und daß es sehr gefährlich sei, sie schon um vier Uhr zu wecken. Der Onkel hatte ihm zugestimmt und sogar Beispiele von Knaben angeführt, die rachitisch oder lungenkrank geworden waren, weil man sie täglich zu früh aufstehen ließ.

Ich hatte gedacht, daß diese Reden an die Adresse von Paul gerichtet waren, um ihn darauf vorzubereiten, daß er von der Jagd ausgeschlossen sein würde. Trotzdem ließen diese Gespräche in mir einen unangenehmen Eindruck und lästige kleine Zweifel zurück. Ich nahm all meinen Mut zusammen.

Erst mußte Paul entfernt werden.

Er war gerade vor der Tür, damit beschäftigt, den Bauch einer Grille zu kratzen, die vor Vergnügen sang oder vielleicht auch vor Schmerzen heulte.

Ich reichte ihm das Schmetterlingsnetz und verriet ihm, daß ich am Ende des Gartens einen verwundeten Kolibri gesehen hätte, den er leicht fangen könne. Diese Nachricht regte ihn riesig auf. Er ließ die Grille los und sagte: »Da gehen wir schnell hin!«

Ich antwortete, daß ich unmöglich mitkommen könne, da ich ein Seifenbad nehmen sollte.

Ich wollte dadurch sein Mitleid erregen, und ihm gleichzeitig Angst machen, daß ihm die gleiche Behandlung zugedacht sei. Ich erreichte genau, was ich wünschte, denn zu dem Kolibri hingezogen und durch das drohende Bad geängstigt, riß er mir das Netz aus der Hand und verschwand unter den Ginsterbüschen.

Ich kam gerade ins Haus zurück, als Onkel Jules die Karte zusammenfaltete und sagte:

»Zwölf Kilometer in den Hügeln, das ist nicht übermäßig viel, aber immerhin ein ziemlicher Spaziergang.«

»Ich werde euch das Essen tragen«, sagte ich mutig.

»Was für ein Essen?« fragte der Onkel.

»Unseres! Ich werde zwei Brotbeutel nehmen und die Eßsachen tragen.«

»Aber wohin denn?« sagte mein Vater. Diese Frage verschlug mir den Atem, denn ich merkte, daß er so tat, als ob er mich nicht verstanden hätte. Ich kämpfte verzweifelt.

»Auf die Jagd«, sagte ich. »Ich habe kein Gewehr, also ist es ganz selbstverständlich, daß ich euch das Essen trage. Euch würde das nur stören, und wenn ihr es in die Jagdtaschen steckt, bleibt zu wenig Platz für das Wild. Und außerdem kann ich ganz lautlos gehen. Ich habe die Rothäute gut studiert und kann schleichen wie ein Komantsche. Der Beweis ist, daß ich Grillen fange, soviel ich will. Und dann sehe ich meilenweit, und neulich war ich es, der euch auf den Sperber aufmerksam gemacht hat, und auch dann konntet ihr ihn nicht gleich entdecken; und dann habt ihr keinen Hund, und wenn ihr Rebhühner schießt, könnt ihr sie nicht wiederfinden, aber ich bin klein und kann durchs Gebüsch kriechen; und während ich sie suche, könnt ihr weiter jagen, und dann ...«

»Komm her«, sagte mein Vater.

Er legte seine große Hand auf meine Schulter und sah mir in die Augen. »Du hast gehört, was Onkel Jules gesagt hat: zwölf Kilometer in den Hügeln! Deine Beine sind noch viel zu klein für einen so großen Weg.«

»Sie sind klein, aber fest! Fühl doch mal«, sagte ich, »sie sind hart wie Holz!«

Er prüfte meine Waden.

»Ja, wirklich, du hast kräftige Muskeln.«

»Und dann bin ich leicht. Ich habe keinen so großen Hintern wie Onkel Jules und deshalb bin ich auch nie müde.«

»Oho«, sagte Onkel Jules, glücklich, der Unterhaltung eine andere Wendung geben zu können. »Ich schätze es nicht, wenn man sich erlaubt, meinen Hintern zu kritisieren.«

Ich ließ mich auf keine Diskussion darüber ein, sondern bohrte weiter.

»Die Heuschrecken sind auch nicht dick und springen trotzdem weiter als du. Und Onkel Jules wurde immer von seinem Vater mit auf die Jagd genommen, als er erst sieben Jahre alt war. Und ich bin mehr als achteinhalb, und dabei sagt er, daß sein Vater streng war. Also ist es eine Ungerechtigkeit! Und wenn ihr mich nicht mitnehmt, dann werde ich krank. Mir ist jetzt schon ganz schlecht ...«

Darauf drehte ich mich zur Wand, legte den Kopf auf die Arme und weinte laut. Mein Vater wußte nicht, was er sagen sollte, und streichelte mir das Haar.

Meine Mutter kam herein und nahm mich, ohne ein Wort zu sagen, auf den Schoß. Ich war auf dem Gipfel der Verzweiflung. Zuerst, weil mir der Jagdbeginn als der Aufbruch ins Abenteuer erschien, in die weite, unbekannte Heide, die ich schon so lange vor mir sah. Und vor allem, weil ich meinem Vater bei seiner Prüfung beistehen wollte. Ich würde ins Gebüsch kriechen und ihm Wild zutreiben. Wenn er ein Rebhuhn verfehlte, wollte ich sagen: »Ich habe es fallen sehen!« und triumphierend einige Federn zeigen, die ich im Hühnerstall aufgehoben hatte, um so sein Vertrauen zu stärken. Aber das konnte ich natürlich nicht sagen, und meine enttäuschte Liebe brach mir das Herz.

»Ihr habt ihm auch viel zu viel davon erzählt«, sagte meine Mutter vorwurfsvoll.

»Es wäre gefährlich ihn mitzunehmen, noch dazu am ersten

Tag«, sagte mein Vater. »Es werden noch andere Jäger in den Hügeln sein! Er ist klein, und in den Sträuchern könnte man ihn für ein Wild halten!«

»Aber ich sehe doch die Jäger!« rief ich unter Schluchzen. »Und wenn ich sie anrufe, werden sie ja begreifen, daß ich kein Kaninchen bin!«

»Nun gut, ich verspreche dir, daß du in zwei oder drei Tagen mitkommen darfst, wenn ich schon etwas mehr Übung habe und wir nicht so weit gehen.«

»Nein! Nein! Gerade am ersten Tag will ich dabei sein!«

Und da zeigte Onkel Jules sich groß und edel.

»Ich mische mich da vielleicht in etwas, das mich nichts angeht«, sagte er. »Aber meiner Meinung nach hat Marcel verdient, die Jagd mit uns zu eröffnen. Also weine nicht mehr! Er wird unser Essen tragen, wie er vorgeschlagen hat, und wird in zehn Schritt Entfernung von den Gewehren brav hinter uns hergehen.«

Er wandte sich an meinen Vater:

»Abgemacht, Joseph?«

»Wenn Sie einverstanden sind, habe ich natürlich nichts dagegen.«

Meine Dankbarkeit ergoß sich in einem neuen Tränenstrom, der mich fast erstickte. Meine Mutter streichelte mir den Kopf und küßte meine nassen Augen. Ich aber sprang auf meinen Onkel zu, kletterte an ihm empor und drückte seinen großen Kopf an mein heftig schlagendes Herz.

»Beruhige dich! Beruhige dich!« sagte mein Vater.

Nach zwei gutgezielten Küssen, die ich dem Onkel gab, sprang ich zu Boden und küßte meinem Vater die Hand. Die Arme zum Himmel emporgestreckt, vollführte ich einen wilden Freudentanz, hüpfte zum Schluß auf den Tisch und warf allen Anwesenden ungezählte Kußhände zu.

»Nur Paul darf nichts davon erfahren«, sagte ich. »Er ist noch zu klein und könnte den langen Weg nicht mitmachen.«

»Nanu«, sagte mein Vater, »willst du deinen kleinen Bruder anlügen?«

»Ich werde ihn nicht anlügen, ich werde ihm nur nichts davon erzählen.«

»Aber wenn er davon anfängt?« sagte meine Mutter.

»Dann muß ich ihn anlügen, weil es zu seinem Besten ist.«

»Er hat recht«, sagte mein Onkel. Dann sah er mir fest in die Augen und fügte hinzu:

»Du hast da etwas sehr Wichtiges gesagt; versuche, es nicht zu vergessen: *es ist erlaubt, Kinder anzulügen, wenn es zu ihrem Besten ist.*«

Er wiederholte: »Vergiß das nicht!«

Aber da kam Paul, recht beschämt, daß er den verwundeten Vogel nicht gefunden hatte, und die Unterhaltung wurde plötzlich abgebrochen.

Meine Freude war so groß, daß ich beim Abendessen, trotz des Zuredens meiner Mutter, keinen Bissen hinunterbrachte. Erst als der Onkel von dem sprichwörtlich guten Appetit der Jäger als von einem Charakteristikum ihrer Zunft gesprochen hatte, verschlang ich mein Kotelett und verlangte zum zweitenmal Kartoffeln.

»Was ist das plötzlich?« fragte mein Vater.

»Ich sammle Kräfte für morgen!«

»Was willst du denn morgen unternehmen?« fragte der Onkel im Ton liebevoller Neugier.

»Morgen ist doch Jagdbeginn!«

»Aber doch nicht morgen!« rief er aus, »... morgen ist doch Sonntag! Glaubst du wirklich, es ist erlaubt, am Tag des Herrn die Tiere des lieben Gottes zu töten? Und dann die Messe – wann willst du zur Messe gehen? Allerdings«, fügte er hinzu, »ihr seid ja eine Familie von Ungläubigen! Daher kommt es, daß das Kind die verrückte Idee hat, man könne die Jagd an einem Sonntag eröffnen.«

Ich war sehr bestürzt.

»Aber wann ist es dann?«

»Am Montag ... also übermorgen.«

Das war eine betrübliche Nachricht, denn der Wartetag würde eine lange Pein sein. Was war da zu machen? Ich fügte mich mißmutig, aber ohne ein Wort zu sagen. Und da der Onkel erklärt hatte, er falle vor Müdigkeit gleich um, gingen wir alle zu Bett.

Als meine Mutter den kleinen Paul zugedeckt hatte, kam sie zu mir, um mir den Gutenachtkuß zu geben, und sagte:

»Morgen, wenn du deine Pfeile fabrizierst, werde ich die neuen Indianerkostüme fertig nähen. Und als Nachtisch gibt es Aprikosentorte mit Schlagsahne.«

Ich begriff, daß sie mir das alles sagte, um meine Enttäuschung zu mildern, und küßte ihr zärtlich die Hand.

Kaum war sie hinausgegangen, fing der kleine Paul zu reden

an. Ich konnte ihn nicht sehen, denn sie hatte das Kerzenlicht ausgeblasen. Seine kleine Stimme war ruhig und kalt.

»Ich wußte es ja, daß sie dich nicht zur Jagderöffnung mitnehmen würden. Ich wußte es ganz genau!«

Ich antwortete heuchlerisch:

»Ich habe sie nie gebeten, mich mitzunehmen. Die Eröffnungsjagd, das ist nichts für Kinder.«

»Du bist ein großer Lügner! Ich habe gleich gemerkt, daß das mit dem Kolibri nicht stimmte. Darum bin ich schnell zurückgekommen, habe mich ans Fenster gestellt und alles gehört, was ihr gesagt habt. Und wie du geweint hast! Du hast sogar versprochen, mich anzulügen. Aber ich mache mir gar nichts daraus, auf die Jagd zu gehen. Wenn richtig geschossen wird, habe ich zuviel Angst. Aber trotzdem bist du ein Lügner, und Onkel Jules ist ein noch größerer Lügner als du.«

»Warum?«

»Weil es doch morgen ist! Ich weiß es! Mama hat heute nachmittag Tomatenomelette gemacht und es zusammen mit einer großen Wurst und rohen Koteletts, Brot und einer Flasche Wein in die Brotbeutel gepackt. Und die Brotbeutel sind im Wandschrank in der Küche versteckt, damit du sie nicht siehst! Sie wollen schon in aller Früh fortgehen, und du kannst sehen wo du bleibst!«

Diese Enthüllung war vernichtend. Aber ich weigerte mich, daran zu glauben.

»Also wagst du zu behaupten, daß Onkel Jules lügt? Ich habe ihn in der Uniform eines Sergeanten gesehen. Und außerdem hat Onkel Jules einen Orden.«

»Ich sage dir, daß sie morgen gehen. Und jetzt halt den Mund, denn ich will schlafen.«

Die kleine Stimme verstummte, und ich lag von Zweifeln gequält mit offenen Augen im nächtlichen Dunkel.

Hat man das Recht zu lügen, wenn man Sergeant ist? Bestimmt nicht! Sergeant Bobillot* war der Beweis.

Aber dann erinnerte ich mich, daß Onkel Jules nie Sergeant gewesen war, und daß ich in meiner Verwirrung ihn erst dazu gemacht hatte. Außerdem gab es in seiner Vergangenheit die dunkle Geschichte vom Borély-Park!

Als ich damals seinen Schwindel entdeckte, was hatte er gemacht? Er hatte ganz einfach gelacht, ohne die geringste Verlegenheit.

* Held der französischen Expeditionsarmee im Tongking-Krieg 1882-1885

Ich versuchte, diese schon sehr weit zurückliegende Schwindelei zu entschuldigen und zu bagatellisieren, als eine schreckliche Erinnerung mir zum Bewußtsein kam.

Heute nachmittag, als ich dummerweise gesagt hatte, man müßte Paul anlügen, weil es zu seinem Besten sei, hatte Onkel Jules den Ball aufgefangen und das ausdrücklich gebilligt, um seine verbrecherische Komödie im voraus zu rechtfertigen.

Ich war außer mir über diesen Verrat! Und mein Vater, der nichts gesagt hatte! Mein Vater, als stummer Mitverschworener in einem Komplott gegen seinen kleinen Sohn ... Und Mama, meine liebe Mama, die gedacht hatte, mich mit Schlagsahne zu trösten ... Mein trauriges Schicksal rührte mich plötzlich so sehr, daß ich leise zu weinen anfing. Von weitem gesellte die Silberflöte der Nachteule sich meiner Verzweiflung.

Dann überkamen mich Zweifel: Paul war manchmal ein kleiner Teufel; konnte er nicht diese ganze Geschichte erfunden haben, um sich für den Kolibristreich zu rächen?

Das ganze Haus schien zu schlafen; ich stand leise auf und brauchte länger als eine Minute, um die Tür zu öffnen ... Unter den Türritzen der anderen Zimmer sah ich keinen Lichtschein. Auf bloßen Füßen stieg ich die Treppe hinunter: keine Stufe knarrte. Das Mondlicht half mir, in der Küche eine Kerze und Zündhölzer zu finden. Vor der Tür des schicksalhaften Küchenschranks zögerte ich einen Augenblick. Hinter seiner toten Holzwand würde entweder die Schurkerei des Onkels oder die Falschheit von Paul offenbar werden – so oder so erwartete eine tiefe Enttäuschung mein Herz.

Langsam drehte ich den Schlüssel; ich drückte gegen die Tür, der Türflügel gab nach, ich schlüpfte in den großen Wandschrank und hob die Kerze hoch: da waren sie, die beiden großen Beutel aus gelbem Leder mit ihren Netztaschen – bis zum Bersten gefüllt, und auf jeder Seite ragte ein Flaschenhals heraus. Auf einem Regal neben den Beuteln standen die zwei Patronentaschen, die ich selbst hergerichtet hatte. Was für ein Fest bereitete sich vor! Ich war erbost und fest entschlossen, mit ihnen zu gehen, auch gegen ihren Willen!

Leichtfüßig wie eine Katze stieg ich wieder in mein Zimmer hinauf und machte meinen Plan.

Vor allen Dingen mußte ich die Augen offenhalten. Wenn ich einschlief, war ich verloren. Nie im Leben war ich von selbst um vier Uhr früh aufgewacht. Also, ja nicht einschlafen!

Zweitens mußte ich meine Kleider zurechtlegen, die ich nach

meiner Gewohnheit im ganzen Zimmer verstreut hatte. In der Dunkelheit auf allen Vieren kriechend, erwischte ich meine Socken und stopfte sie in meine Sandalen.

Nach ziemlich langem Suchen fand ich mein Hemd unter Pauls Bett. Ich legte es zusammen mit meiner Hose auf das Fußende meines Bettes. Stolz auf den gefaßten Entschluß kroch ich wieder in die Federn und versuchte mit aller Kraft, die Augen offenzuhalten. Paul schlief friedlich.

Jetzt antworteten zwei Käuzchen einander in regelmäßigen Abständen. Eines nicht weit vom Fenster entfernt, wahrscheinlich auf dem Mandelbaum. Die Stimme des anderen war schwächer, aber meiner Ansicht nach viel melodischer und kam aus dem Tal. Ich dachte, es wird wohl die Frau sein, die ihrem Mann antwortet.

Ein schmaler Mondstrahl, der durch das Loch im Fensterladen schimmerte, ließ das Wasserglas auf meinem Nachttisch blinken. Das Loch war rund, der Strahl war flach. Ich nahm mir vor, meinen Vater nach der Ursache dieses Phänomens zu fragen.

Plötzlich rumorten die Siebenschläfer auf dem Speicher, tanzten eine Sarabande, die mit wilden Sprüngen und schrillem Geschrei endete. Dann trat wieder Stille ein, und ich hörte durch die Wand nur noch das Schnarchen von Onkel Jules, das friedliche und regelmäßige Schnarchen eines braven Mannes oder eines hartgesottenen Sünders. »Meiner Meinung nach«, hatte er gesagt, »hat Marcel verdient, die Eröffnungsjagd mitzumachen.« Der fliegende Hirsch hatte vollkommen recht: die Bleichgesichter sind doppelzüngig!

Er hatte die Unverfrorenheit besessen, mich ›zu meinem Besten‹ anzulügen. War es zu meinem Besten, mich in Verzweiflung zu stürzen? Mich, der ihn so zärtlich umarmt hatte? Ich schwor ihm feierlich ewige Rache!

Dann dachte ich an den stummen Verrat meines Vaters. Ich gelobte mir jedoch, diesen grausamen Zwischenfall mit Stillschweigen zu übergehen, und dann sah ich mich auf einem schmalen Pfad zwischen dornenlosen Sträuchern schreiten, die meine nackten Beine streichelten. Ich trug ein Gewehr von der Länge einer Angelrute, das in der Sonne blitzte. Mein Hund – ein rotweiß gefleckter Spaniel – lief mit der Nase am Boden voraus. Von Zeit zu Zeit bellte er klagend, und es klang genau wie der melodische Schrei des Käuzchens. Ein anderer Hund antwortete von weither. Plötzlich erhob sich ein riesiger Vogel, er hatte einen Storchenschnabel, aber es war eine Bartavelle!...

Sie flog mir direkt entgegen, in blitzschnellem, mächtigem Flug. Jetzt den Königsschuß! Ich machte den Schritt zurück, ich legte an, der kleine, trockene Knall löste sich und – plum! fiel mir in einer Federwolke die Bartavelle vor die Füße. Ich hatte keine Zeit, sie aufzuheben, denn ein anderer Vogel kam mir entgegen: zehnmal, zwanzigmal glückte der Königsschuß, zur Bestürzung von Onkel Jules, der mit einem schrecklichen Lügnergesicht aus dem Dickicht kam. Trotzdem bot ich ihm Schlagrahm an, überließ ihm alle meine Bartavellen und sagte zu ihm: »Man hat das Recht, Erwachsene anzulügen, wenn es zu ihrem Besten ist.« Danach streckte ich mich unter einem Baum aus und wollte gerade einschlafen, als mein Hund kam und mir ins Ohr flüsterte: »Hörst du! Sie gehen ohne dich weg!«

Sofort war ich hell wach. Paul stand an meinem Bett und zog mich sachte an den Haaren.

»Ich habe sie gehört«, sagte er. »Sie sind an der Tür vorbeigekommen. Sie haben gehorcht. Ich habe Licht durchs Schlüsselloch gesehen. Nachher sind sie auf Zehenspitzen hinuntergegangen.«

In der Küche lief das Wasser. Ich umarmte Paul und zog mich leise an. Der Mond war schlafen gegangen, es war stockfinstere Nacht. Tastend fand ich meine Kleider.

»Was wirst du machen?« fragte Paul.

»Ich gehe mit ihnen.«

»Aber sie wollen dich nicht.«

»Ich werde ihnen den ganzen Vormittag wie ein Indianer von weitem folgen. Mittags wollen sie an einer Quelle essen. Dort werde ich mich zeigen. Wenn sie mich nach Hause schicken, sage ich, daß ich mich verirren würde. Dann werden sie es nicht wagen.«

»Vielleicht bekommst du eine Ohrfeige!«

»Macht nichts! Ich habe schon oft welche bekommen, manchmal für nichts und wieder nichts.«

»Wenn du dich im Gebüsch versteckst, hält Onkel Jules dich vielleicht für ein Wildschwein und schießt auf dich. Für ihn wäre das die gerechte Strafe, nur wärst du dann tot!«

»Mach dir um mich keine Sorgen!«

Mit einer diskreten Anlehnung an Fenimore Cooper fügte ich hinzu:

»Die Kugel, die mich trifft, ist noch nicht gegossen!«

»Und Mama, was soll ich ihr sagen?«

»Ist sie mit ihnen unten?«

»Ich weiß nicht ... Ich habe nichts gehört.«

»Ich werde ihr einen Zettel auf den Küchentisch legen.«

Vorsichtig und ohne die Läden zu berühren, öffnete ich das Fenster. Ich kletterte auf die Fensterbank und guckte durch das Mondloch.

Der Tag dämmerte. Über den Hochebenen, die noch im Dunkel lagen, schimmerte rosa und blau der Gipfel des Taoumé. Auf jeden Fall war der Hügelpfad bereits genau zu erkennen. Sie konnten mir nicht mehr entkommen.

Ich wartete. Das Wasser in der Küche lief nicht mehr.

»Und wenn du einem Bären begegnest?« flüsterte Paul.

»Man hat hier noch nie welche gesehen.«

»Vielleicht versteckt er sich. Paß gut auf! Nimm das spitze Messer aus der Küchentischschublade mit.«

»Das ist eine gute Idee! Ich werde es mitnehmen.«

In der Stille hörten wir Schritte von eisenbeschlagenen Stiefeln. Dann ging die Haustür auf und schloß sich wieder.

Ich lief schnell ans Fenster und stieß die Läden leise zurück. Die Schritte kamen ums Haus herum. Die zwei Verräter erschienen und schlugen den Weg zum Kiefernwald ein. Papa trug sein Barett und die ledernen Gamaschen, Onkel Jules die Baskenmütze und die hohen Schnürstiefel. Trotz ihres schlechten Gewissens sahen sie wunderbar aus und marschierten eilig, als wollten sie mir entfliehen.

Ich küßte Paul, der sich sofort wieder schlafen legte, und ging hinunter. Schnell zündete ich die Kerze an und riß ein Blatt Papier aus meinem Heft.

»*Meine liebe kleine Mama. Sie haben mich schließlich doch noch mitgenommen! Hab keine Angst! Heb mir etwas Schlagrahm auf! Ich schicke dir zweitausend Küßchen.*«

Den Zettel legte ich weithin sichtbar auf den Küchentisch. Dann steckte ich ein Stück Brot, zwei Stangen Schokolade und eine Orange in meinen Beutel, nahm den Griff des spitzen Messers fest in die Hand und folgte der Spur der Schützen.

Ich sah und hörte nichts mehr von ihnen, aber für einen Komantschen war es ein Kinderspiel, sie wiederzufinden.

Ich lief schnell den Abhang hinauf bis an den Rand des Kiefernwaldes: es kam mir vor, als ob ich über mir auf den Steinen das Geräusch von Schritten hörte. Hart am Dickicht entlang setzte ich meinen Weg fort. Am Ende des ersten Kiefernwaldes erreichte ich schließlich eine Ebene: dort hatte man früher Wein gebaut. Jetzt war es ein Dickicht von Rosmarin, Sumach und Wacholder, alles niedrige Büsche, über die ich von weitem Barett und Baskenmütze erkennen konnte. Sie hatten das Gewehr auf der Schulter und gingen in schnellem Tempo, bis sie vor einer großen Kiefer haltmachten: die Baskenmütze ging links am Abhang hinunter, während das Barett den Weg geradeaus weiterverfolgte; es tauchte abwechselnd auf und unter wie jemand, der vorsichtig auf den Zehenspitzen einen Fuß vor den andern setzt. Ich begriff, daß die Jagd angefangen hatte ... Mein Herz schlug schneller ... Ich hielt den Atem an und wartete.

Plötzlich entlud sich ein scharfer Knall, dessen Echo auf seinem Weg ins Tal von den Felswänden widerhallte. Ich lief zur nächsten Kiefer und kletterte erschrocken hinauf. Rittlings setzte ich mich auf einen starken Ast und wartete ängstlich auf das Erscheinen des verwundeten Wildschweins, desselben vielleicht, das die zehn Meter Eingeweide des einarmigen Wilderers abgehaspelt hatte.

Da sich nichts zeigte, fürchtete ich, es könnte gerade drauf und dran sein, meinem Vater den Bauch aufzuschlitzen, und ich bat den lieben Gott – falls es ihn gab – das Wildschwein doch lieber auf meinen Onkel zu lenken, der an das Paradies glaubte und infolgedessen sicher hoffnungsvoller sterben würde.

Aber die Baskenmütze erschien links von mir über einem Wacholderstrauch: ihr Besitzer schwang einen schwarzen Vogel, etwa taubengroß, in der Luft und rief: »Eine schöne Amsel!« Das Barett tauchte aus einem Ginsterbusch auf und eilte herbei. Sie schienen etwas zu verabreden, dann trennten sie sich wieder.

Ich ließ mich zur Erde hinuntergleiten und ging mit mir zu Rate. Sollte ich unten im Tal hinter ihnen herschleichen? Die hohen Sträucher würden mich hindern, die Jagd zu beobachten und außerdem konnte ich – wie mein Vater gesagt hatte – von einer verirrten Kugel getroffen werden.

Wenn ich ihnen hingegen am Grat entlang bis ans Ende der Felsen folgte, konnte ich, hinter den Pistazien verborgen, alles sehen, ohne gesehen zu werden. Außerdem wenn sie wirklich ein Wildschwein anschossen, wäre ich vor ihm sicher, ja, ich konnte das Biest vielleicht sogar töten, wenn ich einige Felsbrocken hinunterwarf. Ich lief also quer durch den Wald von Zwergeichen, die meine Waden zerkratzten, durch Wacholder und Ginster. Auf der Hochebene machte ich erst einen Umweg, verschwand wieder im Gebüsch und gelangte auf die steile Berghöhe.

Sie befanden sich in einem von blauen Felsen umgebenen Tal, durch das in der Regenzeit ein Bach lief, von dem jetzt nur das ausgetrocknete Bett zu sehen war. Es gab nur wenige Bäume, aber hohe Sträucher, die ihnen bis zum Gürtel reichten. Mein Vater ging auf meiner Seite in halber Höhe des Hanges; sein Gewehr vor sich, den Kolben unter dem Ellbogen, die rechte Hand am Abzug und die linke am Verschluß, stieg er gebückt und vorsichtig über das Gebüsch.

Schön war er anzusehen – schön und gefährlich – und ich war stolz auf ihn. Auf dem gegenüberliegenden Hang ging der Onkel den Parallelweg. Von Zeit zu Zeit blieb er stehen, hob einen Stein auf, warf ihn ins Tal hinunter und wartete einige Sekunden. Ich sah alles ganz deutlich, besser als wenn ich bei ihnen gewesen wäre.

Nach dem dritten Stein flog ein großer Vogel aus dem Gebüsch wie ein Pfeil auf die Jäger zu. Der Onkel legte mit einer ans Wunderbare grenzenden Schnelligkeit an, zielte und schoß: der Vogel sackte ab wie ein Stein, hinter ihm in der Sonne flatterten einige Federn zu Tal.

Mein Vater sprang im Laufschritt über die dornigen Büsche, hob das Wild auf und zeigte es von weitem dem Onkel, der herüberschrie: »Das ist eine Schnepfe! Stecken Sie sie in Ihren Beutel, und gehen Sie wieder auf Ihre Linie zurück, zwanzig Meter hoch am Hang.«

Diese Geschicklichkeit, diese Kaltblütigkeit, diese Meisterschaft begeisterten mich. Mein Zorn verrauchte: ein Buffalo Bill hat das Recht, zu lügen!

Sie setzten ihren Marsch fort, und als sie an meinem Beobachtungsposten vorbeigegangen waren, zog ich mich vorsichtig zurück. Auf der weiten, steinigen Hochebene beschrieb ich wieder einen großen Bogen, um ihnen meinerseits zuvorzukommen. Die Sonne strahlte zwei Meter über dem Horizont und der Lavendel, den ich im hastigen Lauf zertrat, duftete in der frischen Morgenluft.

Als ich ihnen weit voraus zu sein glaubte, lenkte ich meinen Schritt wieder zum Felsen und sah plötzlich ein goldgelbes Huhn mit roten Schwanzfedern vor mir herlaufen. Die Aufregung lähmte mich: ein Rebhuhn! Es war ein Rebhuhn! Es lief so schnell wie ein Wiesel und verschwand in einem großen

Wacholderstrauch. Blindlings folgte ich ihm durch die dornenlosen Zweige. Aber schon kamen die roten Federn von der anderen Seite, denn das Huhn war nicht allein; ich sah zwei andere, dann vier, dann ein ganzes Dutzend ... ich schwenkte nach rechts, um sie gegen die Felsen zu treiben, und dieses Manöver glückte; aber sie flogen nicht auf, als wäre es ihnen, da ich ja unbewaffnet war, nicht der Mühe wert. Da nahm ich Steine und warf sie vor mir her. Ein riesiger Lärm erschreckte mich, es klang, als ob eine Ladung Steine aus einem Lastwagen gekippt würde. Eine Sekunde lang erwartete ich, ein Monstrum aus dem Dickicht brechen zu sehen, aber dann begriff ich, daß die Kette aufflog, erst in Richtung der Felsen, um dann im Tal zu verschwinden.

Als ich am Rand des Steilhangs ankam, fielen fast gleichzeitig zwei Schüsse. Ich sah meinen Vater, der geschossen hatte und nun den Gleitflug der schönen Rebhühner beobachtete. Ohne den leisesten Flügelschlag schwebten sie durch die Morgenluft. In diesem Augenblick hob sich die Baskenmütze aus dem Ginster und über ihr das Gewehr. Gelassen zielte sie: das erste Rebhuhn schwankte nach links und fiel losgelöst vom Himmel. Die übrigen wandten sich nach rechts. Das Gewehr beschrieb einen Viertelkreis, der zweite Schuß knallte, und ein weiteres Huhn schlug fast senkrecht herunter. Ich jauchzte vor Freude. Die beiden Jäger fanden nach kurzem Suchen, etwa fünfzig Meter voneinander entfernt, die Beute und schwangen sie in die Höhe. Mein Vater rief bravo; während er das Huhn in seinen Beutel steckte, sah ich ihn in die Höhe springen und fieberhaft die leeren Patronenhülsen aus seinem Gewehr nehmen: ein schöner Hase, der zwischen seinen Beinen durchgelaufen war, wartete das Ende dieser Manipulation nicht ab, sondern verschwand mit erhobenem Schwanz und gespitzten Ohren im Gebüsch ... Der Onkel rang die Hände zum Himmel: »Unglücklicherr! Soforrt wiederr laden! Wenn man geschossen hat, soforrt wiederr laden!!!«

Mein Vater breitete zerknirscht die Arme aus und lud.

Während dieser Unternehmung stand ich aufrecht am Felsrand, aber die von den Rebhühnern hypnotisierten Jäger hatten mich nicht gesehen. Ich begriff meine Unvorsichtigkeit. Einige Schritte zurück verbargen mich wieder.

Ich war bestürzt über unsern Mißerfolg, der für mich die Ausmaße einer Katastrophe annahm. Zweimal war der Königsschuß daneben gegangen und um ihn zu verhöhnen, hatte der Hase meinen Vater zu einem kleinen Luftsprung gezwungen, ehe er ihm den Hintern zeigte. Es war von niederschmetternder Komik.

Ich suchte ihn zu entschuldigen: da er unmittelbar unter dem Felsen stand, hatte er keine Zeit gehabt, die Rebhühner kommen zu sehen, während der Onkel wie auf dem Anstand zielen konnte.

Außerdem kannte er seine Flinte noch nicht, und der Onkel hatte gesagt, das sei das wichtigste ... Und dann war es sein erster Versuch, das erste Jagdfieber. Deshalb hatte er nicht rechtzeitig daran gedacht, ›soforrt‹ wieder zu laden. Aber zum Schluß mußte ich zugeben, daß dieser Zwischenfall all meine Befürchtungen bestätigte. Ich beschloß, nie mit irgend jemand darüber zu sprechen und vor allem nicht mit ihm.

Was würde jetzt geschehen? Würde ihm ein ehrenvoller Schuß gelingen? Ihm, meinem Vater, der letzten Instanz bei der Abschlußprüfung, dem Meister im Boulespiel, der auch schon beim Damespiel im Kreis von Sachverständigen gegen den berühmten Raphael gewonnen hatte – würde er geschlagen nach Hause zurückkommen neben dem mit Rebhühnern und Hasen wie das Schaufenster eines Ladens dekorierten Onkel? Nein! Nein! Soweit durfte es nicht kommen! Ich würde ihm den ganzen Tag auf dem Fuße folgen und ihm soviel Vögel, Kaninchen und Hasen zutreiben, daß er schließlich etwas treffen mußte.

An eine Kiefer angelehnt, wo die kleinen, schwarzen Hügelgrillen im Duft des warmen Harzes trockenes Schilf sägten, stellte ich diese Überlegungen an und kaute nervös an einem Rosmarinhalm. Die Hände in den Taschen und mit gesenktem Kopf setzte ich meinen Marsch fort. Von fern klang dumpf ein Flintenschuß und riß mich aus meinen Gedanken. Ich rannte an den Felsrand. Die Jäger waren schon weit weg, am Ende des Tals, das in ein felsiges Plateau mündete ... Ich rannte, um sie einzuholen, sah aber, daß sie nach rechts abschwenkten und in einem Kiefernwäldchen verschwanden, direkt am Fuß des Taoumé, der sich nun vor mir erhob.

Ich beschloß, ins Tal hinunterzusteigen und ihren Spuren zu folgen. Aber der Felsen fiel mindestens hundert Meter steil ab, und ich sah nirgends einen Kamin. Also entschloß ich mich, zurückzugehen und so den Weg zu finden, den sie eingeschlagen hatten, als ich sie verließ: aber seitdem waren wir schon über eine Stunde gegangen. Ich rechnete aus, daß ich – im Laufschritt – etwa zwanzig Minuten brauchen würde, um diesen Ausgangspunkt wiederzufinden. Dann müßte ich das ganze Tal noch einmal durchqueren, wo ich schlecht laufen konnte wegen der stacheligen Ginsterbüsche, die sich bis über meinen Kopf erhoben; also noch einmal eine gute halbe Stunde. Und wo würden sie währenddessen sein? Ich setzte mich auf einen Stein, um über die Lage nachzudenken.

Mußte ich also unverrichteter Dinge nach Hause zurückkehren? Ohne den geringsten Zweifel würde ich Pauls Hochachtung verlieren, und meine Mutter würde mich mit demütigender Zärtlichkeit trösten. Es blieb natürlich der Ruhm eines mutigen Versuchs und einer gefährlichen Rückkehr, die ich dann in meinem Bericht noch ausschmücken könnte. Aber hatte ich das Recht, Joseph im Stich zu lassen? Sollte er ganz allein mit seiner lächerlichen Flinte und kurzsichtig hinter seinen Brillengläsern gegen den König der Jäger kämpfen? Nein! Dieser Verrat an ihm wäre sehr viel schlimmer als seiner an mir.

Das Problem war also, sie wiederzufinden. Würde ich mich in dieser Bergeinsamkeit nicht verirren?

Verächtlich wies ich diese kindische Angst zurück. Man mußte nur kaltes Blut bewahren und die Entschlossenheit des echten Komantschen. Da sie den Berg von links nach rechts umgangen hatten, mußte ich sie auf jeden Fall treffen, wenn ich geradeaus marschierte. Ich sah das Bergmassiv des Taoumé prüfend an. Es war gewaltig und die Entfernung, die ich zurücklegen mußte, beträchtlich. Ich nahm mir vor, mit meinen Kräften zu sparen und wie die Indianer in leichtem Trab zu laufen; auf Zehenspitzen, die Ellbogen am Körper, die Hände auf der Brust gekreuzt, die Schultern zurückgebogen und den Kopf gesenkt; alle hundert Meter auszuruhen, um auf die Geräusche des Waldes zu lauschen und dabei dreimal ruhig und tief zu atmen.

Mit einer ganz und gar indianischen Entschlossenheit machte ich mich auf den Weg.

Der Hang, der sich nun vor mir erhob, war nicht schwer zu bezwingen. Der Grund unter meinen Füßen bestand aus einer riesigen, blauschimmernden Kalksteinplatte, zerfurcht von Rissen, in denen Thymian und Lavendel blühten. Dann und wann wuchs ein gotisch gestreckter Wacholderstrauch auf dem kahlen Gestein oder eine Kiefer, deren dicker, knotiger Stamm in seltsamem Gegensatz zu der Magerkeit des kleinen Bäumchens stand, das nicht größer war als ich. Man sah, daß die ausgehungerte Pflanze seit Jahren einen wilden Kampf mit dem harten Stein kämpfte, und daß sie oft tagelang geduldig auf einen einzigen Wassertropfen warten mußte. Zu meiner Linken ragte der Gipfel des Taoumé auf, der sich so mit Himmel vollgesogen hatte, daß sein blasses Blau verwaschen wirkte. Ich trottete in der vor Hitze vibrierenden Luft an seiner linken Flanke entlang. Alle hundert Meter blieb ich nach Indianerweise stehen und holte aus voller Brust dreimal tief Atem.

Nach ungefähr zwanzig Minuten stand ich plötzlich direkt unter dem Gipfel, und die Landschaft veränderte sich. Eine wilde Schlucht teilte die felsige Hochebene. Zwischen zwei eingestürzten Blöcken ragten große Kiefern und hohe Sträucher. Es war leicht, in die Schlucht hinunterzuklettern, aber auf der anderen Seite wieder hinaufzukommen, erwies sich als unmöglich. Die Entfernung hatte mich über die Höhe getäuscht. Ich ging also weiter am Fuß der steilen Wand entlang, überzeugt, irgendwo einen Kamin zu finden.

Der Trab des Indianerhäuptlings wurde aber oft durch wildwuchernde Clematis und die Wirrnis einer Unmenge von Pistazienbäumchen verlangsamt. Die kleinen, spitzigen Blätter der Zwergeichen, die am Rande vier symmetrische Stacheln haben, setzten sich beim Laufen auf den Zehenspitzen in meinen Sandalen fest. Von Zeit zu Zeit blieb ich stehen, streifte sie ab und klopfte sie an den Felsen aus.

Ständig scheuchte ich mit meinen Schritten Vögel auf, oder sie strichen über meinen Kopf hinweg. Ich konnte keine zehn Meter weit sehen. Das Dickicht der Bäume und die hohen Wände der Schlucht verbargen mir den Rest des Weltalls.

Eine unbestimmte Unruhe ergriff mich: darum holte ich das spitze Messer aus meinem Beutel und nahm es fest in die Hand. Die Luft war ruhig, und der würzige Duft der Hügel erfüllte wie ein unsichtbarer Dunst die tiefe Schlucht. Thymian, Lavendel und Rosmarin mischten sich mit dem Geruch des goldgelben Harzes, dessen lange, unbewegliche Tränen wie Glas auf dem lichten Schatten der schwarzen Baumrinde glänzten. Ich marschierte lautlos in der Stille dieser Einsamkeit, als auf einmal ein paar Schritte von mir entfernt erschreckender Lärm losbrach.

Es war eine Kakophonie von verliebten Trompetentönen, herzzerreißenden Seufzern und verzweifelten Schreien. Die geheimnisvollen Dissonanzen waren beklemmend wie ein Alpdruck; die rasch aufeinanderfolgenden Echos vervielfältigten und erweiterten sich und hallten durch die Schlucht.

Ich blieb zitternd und starr vor Angst wie angewurzelt stehen. Der Spektakel hörte unvermittelt auf, aber die unbewegliche Stille erschien mir jetzt noch schrecklicher. In diesem Moment brachte hinter mir ein Hase, der auf der Höhe des Felsens lief, einen Stein ins Rollen; er fiel auf einen Kaninchenbau aus blauen Kieseln, der fächerförmig wie ein Balkon am steilen Abhang hing. Die Kiesel setzten sich in Bewegung und hagelten mit unheilvollem Lärm bis zu meinen eingesunkenen Füßen nieder. Da sprang der unglückliche Indianerhäuptling auf wie ein erschrecktes Tier und kletterte auf eine Kiefer, deren Stamm er an sein Herz drückte, als wäre sie seine Mutter. Ich atmete tief und horchte in die Stille. Wie gern hätte ich das Zirpen einer Grille gehört – aber es war keine in der Nähe.

Um mich herum waren die Äste undurchdringlich. Unten auf dem trockenen Reisig sah ich die Klinge meines Messers blitzen. Gerade wollte ich geräuschlos von meiner Kiefer heruntergleiten, da brach die bedrohliche Kakophonie von neuem los, heftiger noch als das erstemal. Von Panik erfaßt, stieg ich fast auf die Spitze der Kiefer und konnte ein leises Schluchzen nicht mehr zurückhalten. Da sah ich auf einmal auf den höchsten Ästen einer abgestorbenen Eiche ein Dutzend Vögel mit funkelndem Gefieder: ihre Flügel waren leuchtend blau mit weißen Streifen, Hals und Steiß hellbraun, der Schwanz blauschwarz und der Schnabel kanariengelb. Ohne den geringsten Grund und wie zum Vergnügen heulten, schrien, seufzten sie und miauten mit zurückgeworfenem Kopf wie die Teufel. Jetzt packte mich der Zorn, ich hob mein Messer auf, dann einen scharfen, flachen Stein, und lief damit zu der Eiche, auf der die verrückten Vögel saßen. Doch beim Geräusch meiner Schritte flog die ganze Bande auf und davon und verlegte ihre lächerliche Katzenmusik auf eine Kiefer hoch in den Felsen.

Ich setzte mich auf das glühende Geröll unter dem Vorwand, meine Sandalen wieder auszuleeren, in Wirklichkeit aber, um mich von dem Schrecken zu erholen. Dann verspeiste ich eine Stange Schokolade.

Nun horchte ich lange in Richtung der Hügel – nichts wie tödliche Stille war zu vernehmen. Wie war das möglich? Kein einziger Jäger am Tag der Eröffnung? Erst später sollte ich erfahren, daß die Bewohner der Gegend sich an diesem Tag niemals blicken lassen, da sie es unter ihrer Würde finden, mit ›Genehmigung der Behörden‹ in den Wäldern ihrer Heimat zu jagen, und den Eifer der Landpolizei von Aubagne fürchten, der an diesem Tag besonders groß ist.

Ich sah zurück, um die Länge des zurückgelegten Weges abzuschätzen. Da erblickte ich hoch oben in Himmelsnähe einen unbekannten Berg, dessen Grat sich über mindestens fünfhundert Meter hinzog. Es war der Taoumé, aber da ich immer nur seine Vorderfront gesehen hatte, erkannte ich ihn nicht wieder. So wird der erste Astronom, der die andere Seite des Mondes sieht, glauben, er habe ein neues Gestirn entdeckt.

Ich war zuerst fassungslos, dann überfiel mich Angst. Nochmals spähte ich nach allen Seiten, fand aber keinen Anhaltspunkt. So entschloß ich mich, nach Hause zurückzugehen, das heißt, in die Nähe unseres Hauses, denn um das Gesicht zu wahren, würde ich mich nicht zeigen. Am Rand des Kiefernwaldes würde ich die Rückkehr der Jäger abwarten und mit ihnen zusammen heimkommen.

Ich ging also zurück, woher ich gekommen war, was mir ein Leichtes schien, aber ich hatte nicht mit der Tücke des Objekts gerechnet.

Wege, die man hinter sich läßt, benutzen die Gelegenheit, um sich zu verändern. Der Pfad, der erst nach rechts abbog, hat es sich anders überlegt und geht bei der Rückkehr nach links.

Erst führte er einen kleinen Abhang hinunter, jetzt steigt er in die Höhe wie ein Schuttberg, und die Bäume spielen Verstecken.

Indessen, da ich mich mitten in einer Schlucht befand, gab es nur eine Möglichkeit: ich mußte auf halbem Weg umkehren und den Hohlweg, durch den ich heruntergekommen war, wieder hinaufklettern, ohne mich um das verhexte Gelände zu kümmern.

Mit meinem Messer in der Hand ging ich Schritt für Schritt zurück. Als alter Komantsche suchte ich eifrig meine Spuren: einen Fußabdruck, einen verschobenen Stein am Weg, einen abgebrochenen Zweig. Ich sah nichts und dachte an die wunderbare Klugheit des kleinen Däumlings, des genialen Erfinders einer vorsorglich hinterlassenen Fährte. Es war zu spät, seinem Beispiel zu folgen.

Plötzlich kam ich an eine Art Kreuzung. Das Tal teilte sich in drei Schluchten, die sich wie Krähenfüße bis hinauf zu dem geheimnisvollen Gipfel hinzogen ... Ich hatte beim Abstieg die beiden anderen nicht bemerkt ... wie war das möglich? Ich überlegte, während ich nacheinander die drei Hohlwege betrachtete. Dann wurde mir plötzlich klar, daß die Sträucher ja viel höher waren als ich selbst und daß ich beim Abstieg immer nur geradeaus den Weg, den ich ging, verfolgt hatte, und der war schwierig genug gewesen. Aber welchen Weg sollte ich jetzt gehen? Vernünftigerweise hätte ich einsehen müssen, daß ich den ersten Abhang auf der linken Seite hinuntergeklettert war, da ich von der Hochebene aus die beiden anderen nicht überquert hatte. Aber der unglückliche Komantschenhäuptling verlor die Richtung, er ließ sich auf die Erde fallen und weinte.

Trotzdem begriff ich schnell die beschämende Sinnlosigkeit meiner Verzweiflung: man mußte etwas unternehmen und sofort wie ein Mann handeln; und vor allem wieder zu Kräften kommen, denn trotz der unglaublichen Härte meiner Wadenmuskeln spürte ich eine beunruhigende Müdigkeit.

Am Beginn des einen Hohlwegs wuchs eine immergrüne Steineiche mit sieben oder acht Stämmen, die einen Kreis bildeten; ihr dunkelgrünes Geäst erhob sich über einer Insel von Büschen aus dornengespicktem Ginster und Zwergeichen. Dieses Dickicht von stachligem Grün schien undurchdringlich, aber ich erhob mein Messer zum Tomahawk und bahnte mir einen Weg.

Nach einer anstrengenden Viertelstunde und zerschunden von Dornen, deren tausend Stiche fiebrig brannten, gelang es mir, diesen Verteidigungsgürtel zu sprengen. In der Tiefe zwischen den Stämmen war ein mit Baouko bewachsener Grasplatz, dort richtete ich mich mit einem stärkenden Gefühl der Geborgenheit ein: ich war unsichtbar, und andererseits war einer der Stämme schnell zu erklettern, ein unschätzbarer Vorteil für den Fall, daß ein angeschossenes Wildschwein mir nach dem Leben trachtete. Ich streckte mich im weichen Gras aus und verschränkte die Arme im Nacken. Durch den Wipfel der Steineiche sah man ein Stück Himmel und genau in der Mitte einen Raubvogel, der beinahe regungslos das Land überwachte.

Ich stellte mir vor, daß dieser Geier – oder war es ein Condor – vielleicht im selben Augenblick meinen Vater und meinen Onkel beobachtete, wie sie auf einem Feuer aus Rosmarinzweigen ihre Koteletts brieten, denn die Sonne stand im Zenit.

Nachdem ich einige Minuten ausgeruht hatte, öffnete ich meinen Beutel und aß heißhungrig mein Brot und die Schokolade. Aber ich hatte nichts zu trinken mitgenommen, und meine Kehle war ganz ausgetrocknet.

Ich hatte große Lust, die Orange zu verzehren, aber ein Komantsche sorgt für schlechte Zeiten vor, und ich steckte sie wieder in den Beutel, denn ich konnte mir ja ein anderes Labsal verschaffen: ich wußte – von Gustave Aymard – daß es genügt, einen Kiesel zu lutschen, um sich angenehm erfrischt zu fühlen. Die vorsorgliche Natur hatte in dieser quellenarmen Gegend mit Kieselsteinen nicht gespart; ich wählte einen runden, glatten – groß wie eine Kichererbse – und schob ihn nach bewährtem Beispiel unter meine Zunge.

Der rechte Pfad erhob sich steil zum Himmel. Ungefähr fünfhundert Meter vor mir staute sich sanft abfallendes Geröll, das mir sicher helfen würde, auf die Hochebene zu steigen. Von dort konnte ich dann endlich die ganze Landschaft überblicken, vielleicht das Dorf und sogar unser Haus sehen. Ich faßte neuen Mut, und gemächlich begann ich den Aufstieg.

Diese Schlucht war genau wie die andere ein Dickicht von Sträuchern, besonders Sadebäume und Rosmarin. Die Pflanzen hier schienen älter als alle, die ich bisher gesehen hatte; ich bewunderte einen Busch, der so hoch und breit war, daß er wie eine gotische Kapelle aussah, und Rosmarinstauden, die größer waren als ich. Wenig Leben gab es in dieser Einöde. Eine Grille zirpte matt, und drei oder vier himmelblaue Fliegen folgten mir unermüdlich und brummten wie schlechtgelaunte Erwachsene.

Plötzlich glitt ein Schatten über das Buschholz. Ich hob den Kopf und sah den Condor. Er war vom Zenit heruntergekommen und kreiste majestätisch. Die Spannweite seiner Flügel war sicher zweimal so groß wie die meiner ausgebreiteten Arme. Er entfernte sich nach links. Ich dachte, er sei aus bloßer Neugierde heruntergekommen, um einen Blick auf den Eindringling zu werfen, der es gewagt hatte, sich in seinem Königreich zu zeigen. Aber ich sah ihn in einer großen Kurve auf meiner rechten Seite wieder auftauchen und stellte mit Schrecken fest, daß er einen Kreis zog, dessen Mittelpunkt ich war, und daß dieser Kreis immer enger und niedriger wurde.

Da fiel mir der ausgehungerte Geier ein, der eines Tages einem verwundeten Pfadfinder, der am Verdursten war, durch die Wüste folgte. *Diese Raubvögel ziehen oft tagelang hinter dem erschöpften Wanderer her und warten geduldig, bis er zusammenbricht. Dann reißen sie blutige Fleischfetzen aus seinem noch zuckenden Körper.*

Ich holte mein Messer vor – das ich unvorsichtigerweise wieder in meinen Beutel gesteckt hatte – und schärfte es ostentativ an einem Stein. Es kam mir vor, als ob der Todeskreis des Vogels sich nicht mehr tiefer senkte. Um der Bestie zu beweisen, daß ich noch nicht am Ende meiner Kräfte war, führte ich einen wilden Indianertanz auf, dem ich ein höhnisches Gelächter folgen ließ. Die Echos der Schlucht gaben es so gewaltig wieder, daß es mich selbst erschreckte ... Aber dieser fleischgierige Räuber ließ sich nicht einschüchtern und nahm seinen fatalen Rundflug wieder auf. Ich suchte mit den Augen – die er mir mit seinem gebogenen Schnabel aushacken wollte – eine Zuflucht. Welches Glück! Zwanzig Meter vor mir öffnete sich die Felswand in einem Spitzbogen. Ich hielt mein Messer in die Höhe, und während ich den Vogel mit angsterstickter Stimme beschimpfte, suchte ich in höchster Not das rettende Obdach zu erreichen ... Kerzengerade ging ich weiter mitten durch die Ginster- und Rosmarinbüsche; die stachligen Zwergeichen zerkratzten mir die Beine, und unter meinen Füßen rollten die Kieselsteine der Hochebene. Bis zu dem Schlupfwinkel waren es noch zehn Schritte – zu spät! Der Mörder stand jetzt reglos etwa zwanzig oder dreißig Meter über meinem Kopf. Ich sah seine riesigen Flügel schwanken, und sein vorgestreckter Hals bedrohte mich. Plötzlich tauchte er mit der Schnelligkeit eines fallenden Steines in die Tiefe. Wahnsinnig vor Angst schützte ich meine Augen mit den Armen und warf mich laut schreiend auf den Bauch unter einen Ginsterbusch. Im gleichen Augenblick brach ein entsetzlicher Lärm los: nur wenige Meter von mir entfernt flog eine Kette erschreckter Rebhühner auf, und ich sah den Raubvogel, wie er sich in weitem, kühnem Flug wieder in die Lüfte schwang. In seinen Krallen hielt er ein zitterndes Rebhuhn, hinter dem eine Schleppe verzweifelter Federn vom Himmel flatterte.

Ich zwang mich nur mit Mühe, nicht kläglich zu schluchzen. Wie verächtlich wäre das dem ›Edelmütigen Herzen‹ erschienen! Obwohl die Gefahr vorüber war, versteckte ich mich in der Felsspalte und versuchte, meine Fassung wiederzufinden.

Es war eine Höhle in Zeltform, gerade so hoch wie ich und etwa zwei Meter breit. Ich trat ein paarmal fest auf das Gras, das den Boden bedeckte, setzte mich gegen die Felswand und überdachte meine Lage.

Ich begriff jetzt, daß der Geier nie die Absicht gehabt hatte, mich anzugreifen, sondern die Rebhühner verfolgte, diese unglücklichen Vögel, die lange Zeit vor mir geflohen waren und aus Furcht vor dem fliegenden Mörder, der ihnen auflauerte, nicht gewagt hatten aufzusteigen ... Diese Erkenntnis beruhigte mich über den weiteren Gang der Dinge: Der Geier würde nicht zurückkommen.

Dann beglückwünschte ich mich, daß ich zur Stillung meines Durstes einen so glatten und runden Kieselstein gewählt hatte, denn wie ich feststellte, hatte ich ihn in meiner Verwirrung verschluckt.

Die Haut auf meiner rechten Wange ›zog‹ mich. Ich rieb sie etwas mit der Hand und blieb mit dem Daumen kleben. Als die blauen Vögel mir solche Angst einjagten und ich die Kiefer umarmte, hatte ich mich mit Harz beschmiert. Aus Erfahrung wußte ich, daß dagegen ohne Öl oder Butter nichts zu machen war. Man mußte also das Ziehen und die Empfindung, eine Wange aus Pappe zu haben, geduldig ertragen. Aber wenn man ein Komantschenhäuptling sein will, darf man solche Lappalien gar nicht erwähnen.

Viel beunruhigender war der Zustand meiner Beine. Sie waren von langen, roten Streifen geritzt, die sich wie die Drähte eines Gitters kreuzten, und eine große Anzahl feiner Dornen steckte in der Haut. Geduldig riß ich einen nach dem anderen mit den Nägeln heraus. Dann suchte ich – da die vielen kleinen Wunden heftig brannten – einige heilende Kräuter. Man weiß, daß Heilkräuter, die man im Gebirge findet, jede Wunde schnell vernarben lassen, aber ich mußte mich in der Wahl der Pflanzen geirrt haben, denn nach einer kräftigen Abreibung mit Thymian und Rosmarin fühlte ich einen so brennenden Schmerz, daß ich unter Wehgeschrei von einem Fuß auf den anderen hüpfte. Um mich zu stärken, aß ich umgehend die eine Hälfte der Orange auf, was mir sehr gut tat.

Nun versuchte ich, auf die Hochebene zu steigen, aber die Überwindung des Gerölls war viel schwerer, als ich gedacht hatte, und ich bemerkte, daß Geröll eine natürliche Neigung hat zu rollen. Immer, wenn ich auf allen Vieren gerade unter dem Gipfel angekommen war, rutschte ich auf diesem beweglichen Kieselsteinteppich wieder zurück. Schon zweifelte ich an meinem Erfolg, als ich einen gangbaren Kamin entdeckte, zu eng für einen Mann, aber für mich gerade recht.

Wahrhaftig, ich erreichte die Hochebene! Sie war weit und nur ganz wenig bewaldet. Immer wieder Zwergeichen, Rosmarin, Wacholder, Ginster, Raute und Lavendel. Immer wieder die ärmlichen Kiefern auf knotigen Stämmen, gebogen in Richtung des Mistrals. Dazu die großen flachen, blauen Steine. Ich schaute am Horizont entlang: Ich war von Hügeln umgeben, die ein weiter Kranz von unbekannten Bergen säumte.

Ich beschloß, mich erst einmal zu orientieren. Mein Vater hatte hundertmal gesagt: ›Wenn du nach Sonnenaufgang schaust, dann ist der Sonnenuntergang hinter dir. Links von dir ist Norden, rechts von dir Süden. Das ist ganz einfach.‹

Ja, ganz einfach, natürlich! Aber wo war der Sonnenaufgang? Ich sah nach der Sonne, sie stand nicht mehr in Himmelsmitte, und da ich wußte, daß Mittag schon vorbei war, konnte ich mir ungefähr vorstellen, wo sie untergehen würde.

Ich drehte ihr also den Rücken zu, streckte die Arme aus und versicherte mir selbst mit lauter Stimme: »Rechts von mir ist Süden. Links von mir ist Norden.«

Aber dann ging mir auf, daß meine glorreiche Feststellung ohne einen Anhaltspunkt gar nichts nützte. In welcher Richtung lag unser Haus? Dieser verdammten Schluchten wegen hatte ich mehrere Umwege machen müssen ... Ich war vollkommen niedergeschlagen und von einer so tiefen und verzweifelten Mutlosigkeit, daß ich mich zu einem Spiel entschloß.

Ich fing an, Steine zu schleudern, so wie es die Hirten machen, die Faust in die Hüfte gestemmt. Auf dieser Hochebene gab es eine wunderbare Auswahl dünner, vollkommen flacher Steine in allen Größen. Sie flogen, um sich selbst rotierend, mit erstaunlicher Leichtigkeit durch die Luft. Je mehr ich meine Technik vervollkommnete, desto weiter flogen sie. Der zehnte schlug in einen Ginsterbusch, aus dem plötzlich eine wunderschöne, grüne Eidechse, lang wie mein Arm, hervorschoß ... Sie glitt wie ein schmaler Smaragd dahin und verschwand in einem Wacholderstrauch ... Ich lief ihr nach, in jeder Hand einen Stein. Den ersten warf ich, um die Eidechse zu erschrecken. Im selben Augenblick sah ich aus dem dichten Grün eine sonderbare Kreatur aufschnellen: groß wie eine Feldratte, die einen Sprung von mindestens fünf Metern machte, um auf einem flachen Felsblock zu landen. Dort blieb sie nur den Bruchteil einer Sekunde, der mir genügte festzustellen, daß sie wie ein Liliputkänguruh aussah, mit unproportioniert langen Hinterbeinen, die so schwarz und glatt wie Hühnerbeine waren, während ihr Körper in einem hellen Pelz steckte, aus dem spitze, ganz gerade Ohren herausragten. Ich erkannte in ihr eine Springmaus, denn Onkel Jules hatte mir einmal eine beschrieben. Sie schnellte mit der Leichtigkeit eines Vogels wieder in die Höhe und erreichte mit drei Sprüngen einen kleinen Wald von Zwergeichen. Umsonst versuchte ich, sie einzuholen, sie war nirgends mehr zu erblicken. Doch als ich sie verfolgte, entdeckte ich eine Art kegelförmige Hütte aus platten, sehr sinnreich verteilten Steinen. Jede Reihe der kreisförmig angeordneten Steine wurde gegen die Mitte zu um eine Fingerbreite enger, so daß die mit jeder Lage Steine engeren Kreise sich nach oben zusammenschlossen. Es blieb eine tellergroße Öffnung, die mit einem schönen, flachen Stein bedeckt war. Der Anblick dieses Zufluchtsortes erinnerte mich an meine trostlose Lage. Die Sonne sank am Horizont, und diese Schäferhütte würde mir vielleicht das Leben retten ...

Ich betrat sie nicht sofort. Jeder Präriekenner weiß, daß eine verlassene Hütte manchmal einen Sioux oder Apatschen verbirgt, der den Tomahawk bereit hält, um dem arglosen Fremdling den Kopf zu zerschmettern ... Außerdem konnte ich auf eine Schlange oder giftige Spinnen treffen.

Also steckte ich einen langen Kiefernzweig durch das Loch, das als Eingang diente, bewegte ihn nach allen Seiten hin und her, während ich einige finstere Drohungen hinein rief. Nichts wie Schweigen war die Antwort. Immer noch auf eine Falle gefaßt, untersuchte ich dann das Innere der Hütte. Es war nichts zu entdecken außer einem Lager aus Heu, auf dem wohl ein Jäger geschlafen hatte.

Nun schlüpfte ich in das Hüttchen, wo ich mich kühl und geborgen fühlte. Dort konnte ich zumindest die Nacht verbringen und war vor den nächtlichen Raubtieren, die im Dunkeln die Beute anschleichen, wie zum Beispiel dem Puma oder dem Leoparden, geschützt. Allerdings bemerkte ich voll Unruhe, daß das Eingangsloch keine Tür hatte! – Sofort faßte ich den Plan, eine genügende Anzahl flacher Steine zu sammeln und den Eingang durch eine kleine Mauer zu sichern, wenn die Stunde gekommen war, mich in meiner Festung zu verschanzen. Ich gab also meine Trapperrolle und die Verschlagenheit des Komantschen auf und wappnete mich mit der tapferen Geduld Robinsons.

Erstes Mißgeschick: es gab keinen einzigen flachen Stein in der Nähe der Hütte. Wo hatte der Hirt seine Bausteine gefunden?

Durch einen Geistesblitz wurde mir klar, daß er sie da, wo jetzt keine mehr waren, hergenommen hatte. Ich brauchte nur in der weiteren Umgebung zu suchen, was ich mit Erfolg auch tat...

Während ich dieses Baumaterial herbeischleppte und mir die Hände blutig riß, dachte ich: Im Augenblick ist noch niemand beunruhigt. Die Jäger vermuten mich zu Hause, und meine Mutter vermutet mich bei den Jägern. Aber welche Katastrophe, wenn sie zurückkommen! Mama wird vielleicht in Ohnmacht fallen! Auf jeden Fall wird sie weinen.

Daraufhin fing ich selbst zu weinen an und drückte einen Stein, der ganz platt war aber so schwer wie ich selbst, fest gegen meinen Bauch.

Gern hätte ich wie Robinson ›ein leidenschaftliches Gebet zum Himmel gesandt‹ und um Unterstützung der Vorsehung gebeten. Aber ich kannte keine Gebete. Und die Vorsehung, die es nicht gibt, die aber alles weiß, hatte nicht viel Grund, sich meiner anzunehmen.

Doch hatte ich gelegentlich sagen hören: ›Hilf dir selbst, so hilft dir Gott‹, und überzeugt, daß mein Mut soviel wert war wie ein Gebet, setzte ich weinend meinen Steintransport fort. »Ganz bestimmt werden sie sich auf die Suche machen«, dachte ich, »sie werden die Bauern alarmieren, und nach Einbruch der Nacht werde ich einen langen Zug mit brennenden Harzfackeln zu mir heraufsteigen sehen.« Dazu wäre es natürlich notwendig, auf dem höchsten Felsen ein Feuer anzuzünden.

Zum Unglück hatte ich keine Zündhölzer. Und was den Indianerbrauch betraf, durch Aneinanderreiben zweier Holzstückchen ohne die geringste Schwierigkeit trockenes Moos in Brand zu setzen, so hatte ich es zwar oft versucht, aber nicht einmal mit Pauls Hilfe, der sich die Lungen ausblies, auch nur das kleinste Fünkchen zustande gebracht. Ich hielt meinen Mißerfolg für endgültig. Wahrscheinlich gab es dieses speziell amerikanische Holz und diese besondere Art von Moos hier nicht. Die Nacht würde also schwarz und schrecklich sein – vielleicht die letzte Nacht meines Lebens.

So weit war es also durch meinen Ungehorsam und durch Onkel Jules' Verrat gekommen.

Da erinnerte ich mich eines von meinem Vater oft wiederholten Satzes, den ich mehrere Male abschreiben mußte, wenn er mir Schreibunterricht gab: *Man braucht nicht zu hoffen, um zu handeln, noch Erfolg zu haben, um auszuharren.*

Er hatte mir den Sinn ausführlich erklärt und mir gesagt, daß es der schönste Satz der französischen Sprache sei.

Ich wiederholte ihn mir mehrmals, und wie durch eine magische Formel fühlte ich, wie ich ein kleiner Mann wurde. Ich war beschämt, daß ich geweint hatte, beschämt über meine Verzweiflung. Ich hatte mich in den Hügeln verirrt. Was war schon dabei? Seit meinem Aufbruch von zu Hause war ich fast immer steile Hänge hinaufgestiegen. Ich brauchte sie nur wieder hinunterzuklettern, dann würde ich sicher ein Dorf finden oder wenigstens eine gangbare Straße.

Mit Bedacht verzehrte ich die zweite Hälfte der Orange, und dann ging ich mit schmerzenden Waden und wunden Füßen den schmalen Pfad hinunter, der von der Hochebene abwärts führte.

Ich sagte mir nochmals den Zaubersatz vor und sprang über Ginster und Wacholder. Zu meiner Rechten rötete die Sonne sich hinter Wolkenschleiern; sie sahen aus wie Schleifen auf Konfektschachteln, die Tanten zu Weihnachten verschenken.

So lief ich länger als eine Viertelstunde, erst leicht wie eine Springmaus, dann wie eine Ziege, dann wie ein Kalb und dann stand ich still, um zu verschnaufen. Als ich zurückblickte, stellte ich fest, daß ich mindestens einen Kilometer zurückgelegt hatte und daß ich die drei in die unendliche Hochebene versunkenen Schluchten nun nicht mehr sehen konnte.

Statt dessen glaubte ich, gegenüber auf der Seite des Sonnenuntergangs den Rand eines Tales zu unterscheiden. Gelassen wie ein Spaziergänger ging ich darauf zu, um mich etwas zu erholen, ehe ich wieder zu laufen anfing.

Ja, es war wirklich ein Tal, das sich immer mehr vertiefte, je näher ich kam. Vielleicht war es das Tal, durch das ich schon heute früh gewandert war.

Ich bog die Pistazien und den Ginster auseinander; er war so hoch wie ich. Ich hatte noch etwa fünfzig Meter bis zum Rand des Felsens, da hallte ein Schuß, dann, zwei Sekunden später, noch einer! Er kam aus der Tiefe. Ich rannte ihm entgegen, ganz außer mir vor Freude, als ein Schwarm riesiger Vögel aus dem Tal aufstieg, direkt auf mich zu.

Aber der Führer der Kette schlug plötzlich um, seine Flügel schlossen sich, er streifte einen Wacholderstrauch und fiel schwer zu Boden. Ich bückte mich, um ihn aufzuheben, als ich von einem heftigen Anprall halb erschlagen in die Knie ging: Ein zweiter Vogel war gegen meinen Kopf geprallt, und ich war einen Moment ganz betäubt. Ich rieb kräftig meinen dröhnenden Kopf; da sah ich, daß meine Hand voll Blut war. Ich dachte, es sei mein Blut und wollte gerade wieder in Tränen ausbrechen, als ich bemerkte, daß es die Vögel waren, die bluteten, und das beruhigte mich sofort.

Ich packte sie beide an den Ständern, die noch schwach zitterten.

Es waren Rebhühner, aber ihr Gewicht überraschte mich. Sie waren so groß wie Truthähne, und so hoch ich auch die Arme hob, ihre Schnäbel berührten immer noch die Erde.

Da hüpfte mir das Herz in der Brust: Bartavellen! Königsrebhühner! Ich trug sie an den Rand des Felsens – vielleicht war das eine Dublette von Onkel Jules?

Aber selbst wenn nicht er das Wild erlegt hatte, der Jäger, der die Bartavellen suchte, würde mir sicher einen guten Empfang bereiten und mich nach Hause bringen! Ich war gerettet!

Als ich mich mühevoll durchs Dickicht arbeitete, hörte ich eine tiefe Stimme, deren rollende ›R's‹ die Echos zurückrollten: es war die Stimme von Onkel Jules, die Stimme des Heils, die Stimme der Vorsehung!

Durch die Äste konnte ich ihn sehen. Das Tal war ziemlich weit, kaum bewaldet und nicht sehr tief. Onkel Jules kam von der gegenüberliegenden Seite und rief ärgerlich:

»Aber nein, Joseph, aber nein! Sie durften nicht schießen! Sie flogen auf mich zu. Ihre Schießerei für nichts und wieder nichts hat sie vertrieben!«

Dann hörte ich die Stimme meines Vaters, den ich nicht sehen konnte, denn er stand direkt unter dem Felsen:

»Ich war in guter Schußlinie, und ich glaube, daß ich eines getroffen habe!«

»Ach, hören Sie doch auf«, sagte Onkel Jules verächtlich, »vielleicht würden Sie eines getroffen haben, wenn Sie gewartet hätten, bis es weiterflog! Aber Sie hatten den Ehrgeiz, den Königsschuß abzugeben und nicht nur einen, sondern gleich zwei! Heute früh haben Sie schon ein Rebhuhn, das drauf und dran war, Selbstmord zu begehen, verfehlt, und jetzt versuchen Sie sich auch noch an Bartavellen, und an Bartavellen, die auf mich zuflogen!«

»Ich gebe zu, daß ich mich zu sehr beeilt habe«, sagte mein Vater schuldbewußt, »aber trotzdem ...«

»Trotzdem«, sagte der Onkel schneidend, »trotzdem haben Sie die Königsrebhühner verfehlt – obwohl sie so groß sind wie

Kinderdrachen und obwohl sie mit einer Gießkanne schießen, die ein ganzes Bettlaken durchlöchern könnte. Und am traurigsten ist, daß diese einmalige Gelegenheit sich nicht wiederholen wird! Wenn Sie mich nur hätten machen lassen, dann wären sie jetzt in unserer Jagdtasche!«

»Ich sehe ein, daß es unrecht war«, sagte mein Vater. »Aber trotzdem, ich habe gesehen, wie die Federn flogen ...«

»Ich auch!« höhnte der Onkel. »Ich habe auch gesehen, wie die Federn flogen, schöne Federn, mit denen die Königsrebhühner in einer Geschwindigkeit von sechzig Kilometern in der Stunde davonflogen, bis hinauf in die Felsen, wo sie nicht schlecht auf uns pfeifen werden.«

Ich war nun schon ganz nah gekommen, und ich sah den armen Joseph. Unter seinem schiefgerutschten Barett kaute er nervös an einem Rosmarinhalm und schüttelte traurig den Kopf. Da stieg ich auf einen Felsenvorsprung über dem Tal, und den Körper angespannt wie einen Bogen, schrie ich aus voller Kehle:

»Er hat sie getroffen! Alle beide! Er hat sie getroffen!«

Und mit meinen kleinen, blutigen Fäusten, die vier goldfarbige Flügel hielten, hob ich im Angesicht der untergehenden Sonne den Ruhm meines Vaters hoch zum Himmel empor.

Der Überbringer einer guten Nachricht, selbst wenn es ein Verbrecher wäre, wird nie schlecht empfangen.

Mein Vater sah mit strahlendem Lächeln zu mir herauf. Er sagte nur:

»Alle beide, Jules, alle beide!«

Dann kam die Situation ihm plötzlich zum Bewußtsein, und er rief: »Was machst denn du dort oben?«

Aber seine Stimme drückte nichts anderes als freudige Überraschung aus.

Ich warf die Vögel einen nach dem anderen dem Sieger vor die Füße und ließ mich in die Schlucht hinuntergleiten. Als ich auf dem Grund des Tales angekommen war, machte ich schnell einen kleinen Sprung zur Seite, denn ein Steinhagel prasselte hinter mir herab.

Unterdessen bewunderte mein Vater seine Bartavellen und suchte mit zitternder Hand die Stelle, an der der tödliche Schuß sie getroffen hatte.

»Was machst du denn hier um sechs Uhr abends und so weit

von zu Hause fort?« fragte Onkel Jules mich streng. »Du weißt wohl nicht, daß man sich hier leicht verirren kann?«

»Das ist es ja gerade! Ich habe mich verirrt«, sagte ich. »Ich werde euch alles erzählen, aber erst müßt ihr mir etwas zu trinken geben. Ich komme um vor Durst seit heute früh ...«

»Wieso?« rief mein Vater. »Warst du denn zum Essen nicht zu Hause?«

»Nein, ich bin von weitem hinter euch hergelaufen. Ich werde dir alles erklären, aber gib mir zu trinken! Ich habe eine ganz geschwollene Zunge ... Ich kann kaum sprechen ...«

»Es ist nur noch Weißwein da«, sagte der Onkel.

Und er füllte einen kleinen Becher.

»Nur einen Schluck«, sagte mein Vater. »Du kannst dann zu Hause trinken.«

Ich gehorchte, und dann erzählte ich meine Odyssee. Ganz stolz eröffnete ich ihnen, daß ich es war, der ihnen die ersten Rebhühner zugetrieben hatte.

»Es war mir aufgefallen«, sagte der Onkel, »daß da oben jemand sein mußte. Aber ich dachte, es sei ein Jäger. Dein Ungehorsam hat sich also gelohnt, ich entschuldige dich nicht, aber ich muß es anerkennen.«

»Und die Königsrebhühner!« sagte mein Vater. Er blies in ihre Federn, um ihr Fleisch zu bewundern. »Ohne ihn hätten wir sie nie wiedergefunden, ja, wir hätten sie nicht einmal gesucht! Und ich wäre unverrichteter Dinge und ohne Ehren nach Hause zurückgekommen.«

»Ich hätte dir die Amseln als Beute überlassen«, sagte mein Onkel großzügig.

»Das wäre nur eine fromme Lüge gewesen!«

»Eine Jagdlüge zählt nicht«, sagte der Onkel, »es ist nicht einmal der Mühe wert, sie zu beichten!«

Wir saßen alle drei auf großen Steinen.

»Was hast du denn da im Gesicht?« fragte mein Vater plötzlich, als ob er aus einem Traum erwache.

»Nichts Schlimmes. Es ist nur Harz.«

Und dann erzählte ich von meinem heimlichen Aufbruch, von dem Zettel, den ich für meine Mutter zurückgelassen hatte, von meinem Plan, an der Quelle von Mûrier mit ihnen zusammenzutreffen, und die schreckliche Geschichte von dem Condor. Der Onkel ließ den Raubvogel zu einem Sperber zusammenschrumpfen und erklärte, daß er schon im Alter von zehn Jahren zwei Sperber mit Steinen getötet habe.

Gekränkt sprach ich weder von meinen Ängsten und meiner Einsamkeit noch von meiner Verzweiflung und beschloß, diese ergreifende Geschichte für meine empfindsame Mutter und meinen aufmerksamen Bruder aufzusparen.

Übrigens hörte mein Vater mir kaum zu, er war mit den Königsrebhühnern beschäftigt, trocknete das Blut, das aus ihrem Schnabel floß und band die langen, roten Flügel zusammen.

Der Onkel stand auf:

»Mein lieber Joseph«, sagte er, »ich glaube, es ist Zeit, nach Hause zu gehen; meine Füße haben genug, für den ersten Tag reicht es mir!« Mir reichte es auch! Ich konnte mich kaum mehr aufrecht halten!

Mein Vater sah mich zärtlich an und strich mir übers Haar. Dann entlud er sein Gewehr und gab es mir.

»Nimm das!« sagte er.

Respektvoll ergriff ich die siegreiche Waffe.

Dann öffnete er seine Jagdtasche, die bereits mehrere Stück Wild und zwei leere Flaschen enthielt.

»Da ist kein Platz mehr für sie«, stellte er fest. »Und dann wäre es auch schade, sie zu zerdrücken.«

Mit zwei Enden Bindfaden hängte er sie am Hals an seinen Patronengürtel, eines rechts, das andere links. Schließlich drehte er mir den Rücken zu und bückte sich, die Hände auf den Knien.

»Klettere hinauf!«

Das große Gewehr umgehängt, setzte ich mich auf seine Schultern. Onkel Jules ging vor uns. Er lauerte mit Auge und Ohr auf eine letzte Schußmöglichkeit.

»Vielleicht noch einen Hasen«, hatte er gesagt.

Ich zitterte, daß ihm einer vor die Flinte kommen könnte, denn dieser Hase würde den Erfolg der Bartavellen schmälern. Aber nicht die kleinste Spur eines Langohrs ließ sich blicken, und im Moment, als ich es am wenigsten erwartete – wir kamen gerade aus einem Kiefernwäldchen heraus –, entdeckte ich ein bißchen weiter unten das Dach unseres Hauses. Am Wegrand standen die Olivenbäume mit meinen Grillen ... Ich jauchzte vor Vergnügen und hielt mich an den lockigen Haaren meines Vaters fest. Als wir am Olivenbaum vor der Efeuwand vorbeikamen, schoß unversehens ein kleiner Sioux hervor. Ein Federschmuck krönte seinen Kopf, und auf dem Rücken trug er den Köcher mit Pfeilen. Mit wildem Blick gab er zwei Pistolenschüsse auf uns ab, flüchtete ins Haus und brüllte:

»Mama, sie haben Enten geschossen!«

Daraufhin sprangen meine Mutter und meine Tante, die unter dem Feigenbaum nähten, auf und kamen uns entgegen; das Dienstmädchen lief hinter ihnen her, und wir hielten triumphalen Einzug.

Die drei Frauen drückten uns freudig erregt ihre Bewunderung aus.

Ich war noch nicht vom Rücken meines Vaters heruntergeklettert, da hatte Paul bereits geschickt eine der Bartavellen losgebunden und trug sie auf seinen Armen zu den Frauen.

Das Dienstmädchen faltete die Hände, schlug die Augen zum Himmel auf und rief ganz außer sich:

»O gütige Muttergottes! Das Königsrebhuhn!«

Unterdessen warf Onkel Jules geräuschvoll mehrere Handvoll Drosseln und Amseln auf den Tisch der Terrasse, fünf oder sechs Rebhühner und zwei Kaninchen. Daraufhin leerte mein Vater seine Tasche aus, die drei Rebhühner und eine Schnepfe enthielt und sagte:

»Sehen Sie sich das an, Rose, das alles hat Jules erlegt!«

»Und du?« fragte meine Mutter enttäuscht. »Hast du immer vorbeigeschossen?«

»Ich«, sagte er bescheiden, »ich habe nur die Bartavellen erlegt.«

Ich sah wohl, daß beide von Herzen glücklich darüber waren.

Ich rannte zum ›Eisschrank‹, einer leeren Seifenkiste, in der ein Eisblock lag, um die Getränke frisch zu halten. Neben der schwitzenden Wasserkaraffe fand ich zwei Kompottschüsseln mit Schlagrahm. Ich lief auf meine Mutter zu, um sie zu umarmen. Sie bestand darauf, mir meinen Harzbart abzuwaschen. Nach viermaligem Abseifen mußten wir Olivenöl nehmen, und selbst dann blieb noch acht Tage lang auf der rechten Backe ein großer, bräunlicher Flecken zurück, ziemlich abstoßend und klebrig, aber genau in der Farbe der Sioux-Indianer. Nachdem sie den traurigen Zustand meiner Beine festgestellt hatte, legte sie mich auf den Liegestuhl, machte an einem Zündholz eine Nähnadel glühend und zog die kleinen Dornen heraus, die mich grausam stachen. Paul verfolgte die Operation aus nächster Nähe und stieß an meiner Stelle Schmerzensschreie aus, während ich stolz und apathisch alles mit mir geschehen ließ wie ein aus der Schlacht zurückgekehrter Krieger.

Inzwischen zählte mein Vater in allen Einzelheiten die Heldentaten des Onkel Jules auf, lobte seine Jagdhundspürnase, seinen lautlosen Gang, sein sicheres Urteil, seine außergewöhnlich schnelle Schußbereitschaft und seine tödliche Treffsicherheit ... Der Onkel hörte zu; vor seiner entzückten Frau und vor meiner Mutter, die ihn bewunderte. Nach der fünften oder sechsten Strophe des Heldenliedes war er vollkommen entbartavellisiert und sang nun seinerseits das Lob von Joseph: er beschrieb seine Nervosität, seine ersten Ungeschicklichkeiten, die Energie, mit der er sich zur Ruhe zwang, seinen Widerstand gegen jede Müdigkeit und schließlich seine wunderbare Eingebung, die den schönen Tag krönte. Er schloß mit einem Satz, der die schwarzen Augen meiner Mutter aufleuchten ließ:

»Ein doppelter Königsschuß auf die königlichen Rebhühner von einem Neuling abgegeben – ich kann sagen, daß man so etwas noch nie erlebt hat!«

Jetzt wollte ich sprechen und mein eigenes Loblied singen, da die Jäger mich vergessen hatten. Aber plötzlich fielen mir die Augen zu. Ich spürte, wie die Finger meiner Mutter meine Hand öffneten, mit der ich die Lehne des Liegestuhls umklammerte, und dann trug sie mich ins Haus. Ich wollte im Namen der Schlagsahne protestieren, aber ich brachte nur noch ein schwaches Murmeln heraus bei der Begegnung mit einer hüpfenden Springmaus, die so groß wie ein Hase und schneeweiß war und mich mit vier Sprüngen in die dunklen Gefilde des Schlafes entführte.

Am nächsten Morgen stellte meine Mutter an einer Ecke des Küchentisches die Liste der Besorgungen zusammen, die mein Vater im Dorf erledigen sollte.

»Marcel«, sagte er zu mir, »nimm deinen Rucksack, du kannst mich begleiten. Die Einkaufsliste wird lang, und ich werde sehr bepackt sein. Das Gewicht der Sachen stört mich nicht, aber ihre Menge, denn ich habe die Absicht, mein Gewehr mitzunehmen. Ich habe da nämlich einen Sperber gesichtet, der öfter über dem Hühnerhof von Mutter Toffi kreist. Wenn wir ihn heute morgen sehen, werden wir im Vorübergehen ein Wort mit ihm sprechen.«

Als die Liste fertig war, las er sie noch einmal laut vor. Inzwischen hatte meine Mutter die Bartavellen aus der Vorratskammer geholt und legte sie auf den Tisch.

»Was willst du damit machen?« fragte er beunruhigt.

»Ich werde sie rupfen und ausnehmen, und heute abend braten wir sie.«

»Aber ich bitte dich! Das ist doch kein Geflügel, das ist Wild! Und was für ein Wild! Wir können es nicht vor morgen abend essen – heute, das wäre ein Verbrechen. Übrigens«, sagte er, »ich habe eine Idee. Ich hätte nicht übel Lust, sie Mond des Parpaillouns zu zeigen, er ist Sachverständiger. Man soll nie eine Gelegenheit versäumen, sich zu unterrichten, und dieser alte Wilderer versteht sicher mehr davon als mancher Naturwissenschaftler.«

Er befestigte die beiden Vögel an seinem Gürtel, und dann schulterte er sein Gewehr.

Vergnügt brachen wir auf. Ich trug die drei leeren Beutel. Mein Vater ging voraus und durchforschte mit den Blicken die treppenartig angelegten Olivenpflanzungen, die den Weg ins Dorf hinunter säumten. Wir sahen haufenweise Spatzen, aber der Jäger der roten Königsrebhühner hatte nur Geringschätzung für sie übrig. Ich war glücklich, ihn begleiten zu dürfen und stolz auf seine Heldentat, aber ich zwang mich, meine Eitelkeit zu verbergen, denn ich fürchtete einen Verweis.

Eines Tages hatte Monsieur Arnaud, der leidenschaftlich gern fischte, mit der Angel eine enorme Seeröte* gefangen. Eine Photographie seiner Heldentat hatte er in die Schule mitgebracht.

Zu dieser Zeit war eine Photographie ein bemerkenswertes Dokument, das die Erinnerungen der ersten Kindheit, des Militärdienstes, einer Heirat oder einer Reise ins Ausland verewigte.

Und nun sah man Monsieur Arnaud auf einer Art Postkarte, mit lächelndem Gesicht, die Brust gewölbt, in der linken Hand eine lange Stange, die rechte zum Himmel erhoben und den stacheligen Fisch am Schwanz emporhaltend.

Bei Tisch hatte mein Vater dieses gloriose Bild beschrieben und den Schluß daraus gezogen:

»Er mag sich freuen, einen so guten Fang gemacht zu haben, dagegen habe ich nichts. Aber sich mit einem Fisch photographieren zu lassen – welcher Mangel an Würde! Von allen Lastern ist Eitelkeit entschieden das lächerlichste!«

Er hatte das ohne Heftigkeit gesagt, aber mit einem mitleidigen Lächeln, das meine Bewunderung für Monsieur Arnaud für immer zerstörte. Deshalb nahm ich an, daß unser Besuch bei Mond des Parpaillouns keinen anderen als nur einen naturwissenschaftlichen Zweck hatte.

Wir erreichten das niedrige, kleine Bauernhaus, das der be-

* Fisch für Bouillabaisse, das Nationalgericht der Provence

rühmte Mond bewohnte. Zuerst kam man an ein unbebautes Feld, wo einige Dutzend Olivenbäume wie ein Riesengestrüpp wild wucherten, denn Mond beschnitt seine Bäume nie.

Er saß rittlings auf einer Bank vor seiner Tür unter dem Maulbeerbaum und tauchte kleine Ruten in einen Eimer mit Vogelleim. Jetzt hob er den Kopf. Seine dichte, grauhaarige Mähne verlängerte sich in einen weißen Vollbart, der auf der einen Seite von einem Zigarettenstummel, der ihm aus dem Mundwinkel hing, gelb gefärbt war. Seine Augen waren schwarz und durchdringend, seine starkgeäderten Hände von gelbbraunen Flecken marmoriert.

Er sah die Bartavellen und kam mit offenem Mund auf uns zu.

»Gütige Muttergottes!« schrie er, »wer hat Ihnen denn die verkauft?«

Mein Vater lächelte unmerklich.

»Sie haben mich nicht mehr als zwei Flintenschüsse gekostet.«

»Eine Dublette?« sagte Mond ungläubig. »Mit einer Dublette zwei Bartavellen?«

»Ja, so war es«, sagte mein Vater und zwirbelte seinen Schnurrbart zwischen Daumen und Zeigefinger.

»Und wo?«

»Im Tal von Lanzelot. Gerade unterhalb des Felsens auf der Seite von Passe-Temps.«

Mond hatte die beiden Vögel ergriffen und wog sie in der Hand.

»Was mich am meisten wundert, ist, daß Sie die Vögel gefunden haben«, sagte er.

»Warum?«

»Weil diese Tiere, wenn sie in der Luft getroffen werden, immer noch fünf- bis sechshundert Meter weiterfliegen.«

»Der Junge war oben auf dem Felsen, er hat sie fallen sehen.«

»Bravo, Pitchounet!« sagte Mond zu mir. »Wenn ich an einem der nächsten Tage jagen gehe, werde ich dich mitnehmen.«

Und wie man eine Lebensregel ausspricht, erklärte er:

»Wenn man keinen Hund hat, muß man Kinder haben.«

Nun stellte mein Vater tausend Fragen über die Bartavellen, ihre Herkunft und ihre Gewohnheiten, über die Schwierigkeit, sich ihnen zu nähern, und die hohe Geschwindigkeit ihres Fluges.

Aus diesen Fragen und den Antworten des alten Mond ging klar hervor, daß ein erfolgreicher Doppelschuß auf Königsrebhühner ein wenn auch nicht geradezu unmögliches, so doch äußerst seltenes Schützenstück und einer ›großen Flinte‹ würdig war.

Nachdem diese Wahrheit erkannt war, verließen wir Mond, der angefangen hatte, uns von seinen eigenen Erfolgen zu erzählen, mit einer Eitelkeit, die stark an Monsieur Arnaud erinnerte, und stiegen hinunter ins Dorf.

Mein Vater übergab seine Liste dem Krämer, in dessen kleinem Laden sich bereits fünf oder sechs Kunden aufhielten. Aber der Kaufmann hatte, die Liste in der Hand, nur Augen für das Wild und rief: »Ah, Birkhähne!«

Mein Vater klärte ihn auf und ließ einige Worte über Leben und Gewohnheiten der Bartavellen fallen. Der Krämer schlug vor, sie zu wiegen, was mein Vater gern annahm. Die Operation fand vor den versammelten Hausfrauen des Dorfes statt.

Die große wog 1530 Gramm, die kleinere 1260, denn der Krämer bestand auf Genauigkeit. Eine alte, blitzsaubere Frau (wie sich herausstellte, war es die Pfarrersköchin) riet, sie mit Pèbre d'Ai zu füllen, ehe man sie auf den Spieß steckte, und sie nicht gleich ans starke Feuer zu bringen. Der Spieß dürfe nur ganz allmählich an die Flamme kommen, so etwa in drei Etappen. Zum Dank für diesen wertvollen Rat bat sie sich eine Schwanzfeder aus, die nun die Kopfbedeckung eines Bleichgesichts schmücken würde, und alle Neuankömmlinge staunten voll Hochachtung den Jäger an, dem ein so schöner Schuß gelungen war.

Wir ließen die Liste beim Kaufmann, der es übernehmen wollte, alles herzurichten, und mein Vater sagte: »Jetzt muß ich Monsieur Vincent ausfragen!«

Monsieur Vincent war Archivar auf der Präfektur und ein Freund von Onkel Jules. Er verbrachte seine Ferien hier im Dorf, wo er geboren war.

Aber unterwegs trafen wir den Briefträger, der selbst im Revier von Allauch jagte. Er hielt uns an, und ich war sehr erstaunt zu sehen, daß er den Hals der Bartavellen zwischen Daumen und Zeigefinger rieb.

»Unter uns«, flüsterte er vertraulich, »Sie haben sie in der Falle gefangen?«

»Nie im Leben!« sagte mein Vater. »Ich habe Glück gehabt. Mit einer Dublette ist mir der Königsschuß gelungen.«

Aber der Briefträger war ein neidischer Jäger. Er tastete noch immer den Hals der Vögel ab in der Hoffnung, das von der Falle gebrochene Genick zu entdecken. Da blies mein Vater das Gefieder zurück und zeigte ihm die Schußwunden, die er mißtrauisch untersuchte. Nun wollte er das Kaliber des Gewehres wissen, die Nummer der Kugeln, die Entfernung sowie Ort und Stunde. Schließlich überwand er seine Eifersucht und fand sich bereit, die Tat des Schützen anzuerkennen.

»Hut ab, Monsieur!« sagte er. »Diese Tiere verfolge ich seit zwei Jahren. Fünfmal habe ich auf sie geschossen und nur vier Federn erbeutet. Erlauben Sie mir, Ihnen die Hand zu drücken!«

Inzwischen hatten die Dorfkinder sich versammelt und sparten nicht mit lauter Begeisterung.

Auf dem Marktplatz angekommen, liefen wir dem Herrn Pfarrer in die Arme. Er stand beim Brunnen, las sein Brevier und wartete, auf das Plätschern in seinem Krug lauschend, bis er voll war.

Bei unserer Ankunft hob er den Kopf und weil *diese Leute immer nur auf ihren Vorteil aus sind*, lächelte er meinen Vater freundlich an und sagte mit einer sehr angenehmen Stimme:

»Monsieur, wenn Sie diese Königsrebhühner nicht von einem Händler gekauft haben, dann erlauben Sie mir, Ihnen mein Kompliment zu machen.«

Es war das erstemal, daß ich meinen Vater Aug in Aug mit seinem heimlichen Feind sah. Zu meiner großen Überraschung antwortete er überaus höflich:

»Sie kommen aus dem Tal von Lanzelot, Herr Pfarrer.«

»Ich habe selten so schöne gesehen, und ich bin geneigt anzunehmen, daß der große Sankt Hubertus mit Ihnen war!«

»Der große Sankt Hubertus und mein Zwölfkaliber!«

»Und Ihre Geschicklichkeit natürlich auch!« sagte der Herr Pfarrer. »Sie haben da einen alten Hahn und eine zweijährige Henne ... Mein Vater war ein großer Jäger, und deshalb verstehe ich etwas davon. Dieses Rebhuhn ist nicht die Caccabis Rufa, denn die ist sehr viel kleiner. Es ist die Caccabis Saxatilis oder das Felsenrebhuhn, auch das griechische Rebhuhn genannt und in der Provence und auf Provençalisch die ›Bartavelle‹.«

»Woher kommt dieser Name?«

»Ich werde Ihnen sehr gelehrt vorkommen«, sagte der Herr Pfarrer, »aber ich darf Ihnen gestehen, daß meine Weisheit neuesten Datums ist. Nachdem ich gestern mit einem Bauern über Bartavellen gesprochen hatte, war ich neugierig geworden, die Herkunft des Wortes zu ermitteln. Und ich bin glücklich darüber, da diese Frage Sie ja interessiert. Mein Wörterbuch sagt, daß das französische Wort aus der alten provençalischen Bezeichnung ›bartavélo‹ abgeleitet ist, was soviel bedeutet wie ›alter Riegel‹. Der Vogel wurde so genannt, weil seine Stimme, wie es scheint, ein wenig knarrt. Wenn ich mich bescheiden dazu äußern darf, so finde ich die Erklärung nicht befriedigend. Ich werde dem Domherrn von La Major, der morgen im Pfarrhaus ißt, die Frage vorlegen, und wenn er etwas Interessantes weiß, werde ich mir das Vergnügen machen, es Ihnen mitzuteilen. Entschuldigen Sie mich jetzt, mein Krug ist voll, und die Mittagsglocke ruft.«

Höflich nahm er sein Käppchen ab, mein Vater lüftete ebenso höflich sein Barett. Der Herr Pfarrer nahm seinen Krug und ging davon.

Immer gefolgt von den staunenden Kindern, gingen wir zu Monsieur Vincent: man sagte uns, er sei in der Stadt und werde erst am folgenden Tag zurückkommen. Trotzdem suchte mein Vater ihn im ganzen Dorf, er ging sogar zum Boulespielerklub, um die Spieler zu fragen, ob sie ihn nicht gesehen hätten. Nein, sie hatten ihn nicht gesehen, aber sie sahen die Bartavellen, die mein Vater durchaus nicht vor ihnen verbarg. Sie unterbrachen ihr Spiel, wogen sie bewundernd in der Hand und stellten hundert Fragen. Mein Vater gab zweihundert Antworten und belehrte sie, daß es sich nicht um Caccabis Rufa, sondern um Caccabis Saxatilis handele.

Auf allgemeines Verlangen erklärte er sich sogar bereit, den Königsschuß vorzuführen, wobei er betonte, daß man den zweiten Schuß schlagartig abfeuern müsse. Diese technischen Erklärungen, die noch bis zum Abend hätten dauern können, wurden glücklicherweise durch das Mittagsläuten der Kirchenglocken beendet.

Als wir unsere Rucksäcke im Kramladen abholten, trafen wir nochmals den Herrn Pfarrer. Er trug einen eleganten Photoapparat in Form und Größe eines Ziegelsteines in der Hand. Lächelnd kam er uns entgegen und sagte:

»Wenn es Ihnen nicht lästig ist, würde ich gern eine Aufnahme machen zur Erinnerung an diesen bewundernswerten Erfolg.«

»Ein Glückszufall verdient eine so große Ehre nicht«, sagte mein Vater bescheiden.

»O doch! O doch! Und es wird mir ein Vergnügen sein, Ihnen einen Abzug des Bildes zu senden zur schönen Erinnerung an die diesjährigen großen Ferien.«

Mein Vater fügte sich geduldig den Anordnungen des Photographen; er ließ mich merken, daß es ihm zwar unangenehm sei, er es aber nicht wage, unhöflich zu sein. Also stellte er seinen Gewehrkolben auf die Erde, stützte die linke Hand leicht auf den Lauf und umfaßte mit dem rechten Arm meine Schulter.

Der Herr Pfarrer betrachtete uns einen Moment mit zusammengekniffenen Augen, dann näherte er sich und drehte die Bartavellen so herum, daß ihr gesprenkelter Bauch zur Geltung kam.

Nun ging er vier Schritte zurück, drückte den Apparat an die Brust, senkte den Kopf und rief:

»Nicht mehr bewegen!«

Ich hörte ein Klick, als ob man einen Schlüssel im Schloß umgedreht hätte, und der Herr Pfarrer zählte:

»Eins! Zwei! Drei – Danke!«

«Wir wohnen in Les Bellons«, sagte mein Vater, »in der Bastide Neuve.«

»Ich weiß, ich weiß!« sagte der Herr Pfarrer, und fügte etwas pathetisch hinzu: »Da ich nicht oft Gelegenheit habe, Sie zu sehen, werde ich den für Sie bestimmten Abzug Ihrem Herrn Schwager anvertrauen – dem hervorragendsten unserer Pfarrkinder. Auf Wiedersehen! Und nochmals meine besten Glückwünsche!«

Höflich grüßend entfernte er sich mit einem freundlichen Lächeln und war mir so sympathisch, daß ich gern mit ihm gegangen wäre. Das ließ mich die Gefahr erkennen, die diese Scheinheiligkeit für die Gesellschaft bedeutet.

Als wir um die Ecke bogen, sagte mein Vater zu mir:

»Wir sind in einem kleinen Dorf. Es wäre ungeschickt gewesen, sich zu weigern. Vielleicht hoffte er darauf, um uns danach als Renegaten hinzustellen. Aber wir waren noch schlauer als er!«

In schnellem Tempo gingen wir den steilen Weg zurück.

Die Bartavellen tanzten noch immer am Gürtel meines Vaters, und da sie an den Hälsen aufgehängt waren, sagte ich zu ihm, daß er zwar Rebhühner geschossen habe, daß wir aber schließlich Schwäne essen würden.

Am nächsten Tag wurden sie am Spieß gebraten – es war eine historische und beinah feierliche Mahlzeit.

Leider ereignete sich dabei ein peinliches Mißgeschick: Onkel Jules, dessen bäuerlicher Appetit die Bewunderung der ganzen Familie genoß, biß sich einen Zahn entzwei – einen Porzellanzahn – auf einer Bleikugel Nr. 7, die im zarten Hinterteil des Vogels unbemerkt geblieben war. Aber er fand seine gute Laune wieder, als mein Vater erklärte, der Pfarrer des Dorfes sei ein Gelehrter und dazu ein überaus sympathischer Mensch, dessen Unterhaltung ihn entzückt habe.

Als wir anderntags zur Jagd aufbrachen, sah ich, daß mein Vater sein Barett mit einem alten, braunen Filzhut vertauscht hatte, ›wegen der Sonne‹, sagte er, die ihn durch die Brillengläser hindurch manchmal blende. Aber ich bemerkte, ohne etwas zu sagen, daß der Filzhut ein Band hatte (was man auf einem Barett nicht anbringen kann), und daß in diesem Band zwei hübsche rote Federn steckten, Symbol und Erinnerung an den doppelten Königsschuß.

Wenn man von diesem Tag an im Dorf von meinem Vater sprach, dann hieß es:

»Sie wissen doch, der Herr aus Bellons!«

»Der mit dem großen Schnurrbart?«

»Nein, der andere, der mit den Bartavellen.«

Am nächsten Sonntag, als Onkel Jules aus der Messe kam, zog er einen gelben Briefumschlag aus seiner Tasche.

»Hier«, sagte er, »vom Herrn Pfarrer.«

Die ganze Familie eilte herbei. Der Umschlag enthielt drei Abzüge unserer Photographie.

Sie war ausgezeichnet gelungen, die Bartavellen wirkten riesengroß und Joseph strahlte in seinem Ruhm. Er zeigte weder Überraschung noch Eitelkeit, sondern die sichere Gelassenheit eines blasierten Jägers bei seiner hundertsten Bartavellen-Dublette.

Mich hatte die Sonne zu einer kleinen Grimasse gezwungen, die ich nicht hübsch fand. Aber meine Mutter und meine Tante sahen darin einen besonderen Reiz, und die Bewunderung nahm kein Ende. Onkel Jules sagte liebenswürdig:

»Wenn es Ihnen nichts ausmacht, mein lieber Joseph, würde ich gern den dritten Abzug behalten, denn der Herr Pfarrer sagte mir, er habe ihn für mich beigelegt.«

»Selbstverständlich, wenn diese Lappalie Ihnen Freude macht ...«, sagte mein Vater.

»O ja!« sagte Tante Rose begeistert. »Ich lasse das Bild unter Glas rahmen, und wir stellen es im Eßzimmer auf.«

Der Gedanke, daß wir nun allabendlich von luxuriösem Gaslicht bestrahlt werden sollten, erfüllte mich mit Stolz. Was den lieben Joseph betraf, so zeigte er keinerlei Verlegenheit. Meine Mutter lehnte ihr Kinn an seine Schulter und er studierte eingehend seine photographische Verherrlichung, wobei er die Länge dieser Betrachtung mit technischen Anmerkungen rechtfertigte. Er belehrte uns, daß es sich um Silbernitratpapier handele, das die Eigenschaft habe, bei Tageslicht schwarz zu werden. Dann erklärte er, daß die Belichtung ausgezeichnet, die Entwicklung des Negativs vollkommen sei, und daß der Herr Pfarrer seine Sache sehr gut verstehe. Er strich mir übers Haar und sagte schließlich:

»Da wir zwei Abzüge haben, hätte ich große Lust, meinem Vater einen zu schicken, damit er sieht, wie groß Marcel geworden ist . . .«

Der kleine Paul klatschte in die Hände, und ich lachte. Ja, er war ganz stolz auf seine Heldentat. Ja, er würde seinem Vater einen Abzug schicken, und den anderen würde er der ganzen Schule zeigen – wie Monsieur Arnaud.

Ich hatte meinen lieben Übermenschen in seiner Menschlichkeit auf frischer Tat ertappt. Ich fühlte, daß ich ihn deshalb nur noch mehr liebte.

Da sang ich die Farandole* und tanzte in der Sonne . . .

* Provençalisches Tanzlied

Marcel Pagnol

Das Mädchen mit den dunklen Augen
Roman
204 Seiten, Efalin

Eine Kindheit in der Provence
488 Seiten, Leinen

Ganz Persönliches
352 Seiten, Efalin